Zauber der Mythen

Herausgegeben von Theodor Seifert

Die Buchreihe „Zauber der Mythen" will mit der Darstellung einzelner Mythen durch verschiedene Autoren den Zugang zu einem in jedem Menschen vorhandenen Fundament von Lebenskraft und Lebensmöglichkeit vermitteln, ein Wiedererinnern ermöglichen.

Die einzelnen Bände zeigen, wie genau die alten Geschichten mit ihren Göttinnen und Göttern, Helden, Schicksalsverläufen und ewigen Gesetzen Lebensfragen darstellen und menschliche Probleme abbilden, die uns noch genauso vertraut sind wie unseren Vorfahren.

Die Geschichten sind faszinierend und ergreifend. Wir begegnen uns selbst in ihnen, schauen und erleben die Kraft und Weite unserer Seele, ihrer bislang nicht ausgeloteten Möglichkeiten. Wir spüren, was wir uns vorenthalten haben, wenn wir diese ewigen Themen unserer Existenz vernachlässigen. Ihnen zu begegnen ist dem Erleben vergleichbar, in dem sich die Bedeutung eines großen Traumes zum ersten Mal erschließt. Die Mythen spiegeln unser Leben und vermitteln die Gewißheit, daß es sinnvoll gelebt werden kann.

CIP-Titelaufnahme der Deutschen Bibliothek

Rasche, Jörg:
Prometheus: Kampf zwischen Sohn u. Vater /
Jörg Rasche. – 1. Aufl. – Zürich: Kreuz-Verl., 1988
(Zauber der Mythen)
ISBN 3-268-00052-5

1. Auflage
© Kreuz Verlag AG Zürich 1988
Umschlaggestaltung: HF Ottmann
Umschlagfoto: Manfred P. Kage
ISBN 3 268 00052 5

Jörg Rasche

Prometheus

Kampf zwischen Sohn und Vater

Kreuz Verlag

Inhalt

Was wird kommen?
Was wird die Zukunft bringen?
Ich weiß es nicht, ich ahne nichts.
Wenn eine Spinne von einem festen Punkt
sich in ihre Konsequenzen hinabstürzt,
so sieht sie stets einen leeren Raum vor sich,
in dem sie nirgends Fuß fassen kann,
wie sehr sie auch zappelt.
So geht es mir; vor mir stets ein leerer Raum;
was mich vorwärts treibt, ist eine Konsequenz,
die hinter mir liegt.
Dieses Leben ist verkehrt und grauenhaft,
nicht auszuhalten.

Sören Kierkegaard

Einleitung

In der kinderpsychiatrischen Sprechstunde sitzt vor mir ein dreizehnjähriger Junge, dessen farbenfroh-provokantes Äußeres in Gegensatz steht zu der bescheidenen und höflichen Art seines Auftretens. Mit unglücklichem Blick berichtet er, er sei nunmehr endgültig „aus der Schule geflogen", weil er sich „daneben-benommen" habe. Es war nicht das erste Mal. Der Junge hatte sich in den letzten Jahren vom Klassenclown zu einem Einzelgänger entwickelt, mit dem die Lehrer und die meisten Mitschüler schlecht zurechtkamen. Mit einem bestimmten Lehrer hatte er offene Streitereien vor der Klasse, er galt als „rechthaberisch". Vor sechs Monaten war er plötzlich mit kurzgeschnittenen und grüngefärbten Haaren zu Hause erschienen, und er hielt sich neuerdings nachmittags meist an einem Treffpunkt ähnlich aussehender Jugendlicher auf, als offensichtlich einer der jüngsten. Sein Vergehen jetzt hatte darin bestanden, daß er ein kleines elektrisches Gerät, das im Physikunterricht verwendet wurde, aus dem Klassenraum mitgenommen, sprich: gestohlen hatte. Er konnte es auch nicht mehr zurückgeben, denn er hatte es schon Stunden später in eine Lederjacke mit vielen Metallknöpfen umgesetzt. Für den Rest des Geldes hatte er, wie ich etwas mühsam aus ihm herausbekam, offenbar eini-

ge Taschenmesser, Knallkörper und Haarfärber ge-
kauft, die er an seine Freunde verteilte. Die Freude
war nur kurz, die Sache kam schnell heraus. Der
Schulverweis war endgültig und bedeutete praktisch, daß er das Gymnasium verlassen und auf eine
Gesamtschule gehen mußte. Die Schule fürchtete
die Wirkung seines schlechten Beispiels auf die anderen Schüler. Die Eltern, die den Jungen zu mir
gebracht hatten, zeigten sich eher hilflos. Der Vater
war Physiker an der Universität und kümmerte sich
wenig um seine drei Söhne, von denen der mittlere
jetzt vor mir saß.

Die Mutter hatte mir den Jungen vor einem Jahr
schon einmal vorgestellt, weil er „ihr Sorgenkind"
sei und immer wieder gefährliche physikalische Ex-
perimente auf dem elterlichen Dachboden veran-
staltete. Einmal hatte er im Garten mit Zündschnur
und einigen Knallkörpern eine Art „Explosions-
kette" ausgelegt und der Mutter einen gehörigen
Schrecken eingejagt. Bei der ersten Vorstellung vor
einem Jahr trug der schmächtige Junge, wie ich
mich gut erinnerte, einen mächtigen schwarzen
Mantel wie den seines Vaters, wodurch er ein etwas
lächerliches Aussehen bekam: wie eine Karikatur.

Das Problem dieses Jungen, Beispiel einer Puber-
tätskrise, wie sie häufig vorkommt, soll uns zu der
Beschäftigung mit dem Prometheus-Mythos hinfüh-
ren. Die Kernszenen der uralten Geschichte von
Prometheus sind auch heute noch vielen Menschen
geläufig. Prometheus ist derjenige, der verbotener-
weise das Feuer vom Himmel raubte, damit die
Menschen beschenkte und dafür schrecklich bestraft wurde. Im Auftrag des Göttervaters Zeus wur-

de er an den Felsen des Kaukasus-Gebirges gefesselt und von einem Adler gequält, der jeden Tag an seiner Leber fraß, die nachts wieder nachwuchs. Eine merkwürdige Geschichte mit merkwürdigen (und grausamen) Bildern, und doch eine Geschichte, die man sich merkt. Schon wenn wir nur diesen Kern des Prometheus-Mythos erinnern, können wir einiges aus der Geschichte des dreizehnjährigen Jungen wiedererkennen. Auch dieser tat etwas Verbotenes, raubte etwas, das ihm nicht zustand, und muß dafür büßen. Und wie bei Prometheus geschieht das in einer Phase der Auflehnung gegen das Alte, die Welt der Eltern, und des notwendigen Versuchs, eine eigene Identität zu finden. Dieser Prometheus könnte auch ein Mädchen sein. Im Mythos ist es der uralte Kampf zwischen Vater und Sohn. Dieser Kampf soll am Ausgang unserer Deutung stehen. Die Revolte und Reifung des Männlichen betrifft aber auch Mädchen und Frauen, nämlich das Männliche in ihnen. Die genauere Kenntnis des Prometheus-Mythos wird uns das noch verdeutlichen.

Vermutlich jeder kennt das Problem, einmal etwas Verbotenes tun zu müssen oder getan zu haben, vielleicht mit dem Gefühl, gar nicht anders zu können. Meistens war es ein Schritt aus einer Unmündigkeit heraus, der Entwicklung erst ermöglicht hat. Eine unerfreuliche Moral ist es, wenn der Mythos daraufhin von der grausamen Bestrafung des Prometheus erzählt. Ungern will man diese Moral akzeptieren, und wir werden auch sehen, daß in ihr bereits eine bestimmte „Deutung" eines noch viel älteren Bildes steckt.

Im zweiten Teil wird der Mythos von Prometheus,

der so mutig begonnen hatte, zu einer Krankengeschichte. Der gefesselte Titan muß in seiner Einsamkeit unerträgliche Schmerzen erleiden, ohne
sich wehren zu können; schicksalhaft fällt der Adler
immer wieder über ihn her und nagt an seiner
blutenden Leber. Ein starkes Bild: Der Mythos
sagt drastisch und überdeutlich, worum es geht,
um Einsamkeit, lähmende Depression, quälende
Schuldgefühle, Vorwürfe und Selbstvorwürfe. Extre-
me Gegensätze sind so in der Gestalt des Prometheus verbunden. Auch sein Leiden können wir, in
einer ersten Deutung, auf Zustände beziehen, die
sicher manche von uns kennen. Wenn solche Menschen, Jugendliche in der Pubertät oder die in der
Mitte des Lebens, eine Psychotherapie aufsuchen,
ist es oft schon eine große Hilfe, wenn sie spüren
und erleben lernen, daß es sich bei den quälenden
Zuständen auch um die Geburtswehen eines neuen
Lebensabschnitts handeln kann, der einen eigenen
„Sinn" enthält. Ein solches Erleben ist ein Geschenk, und es wird denen zuteil, die sich ihm
öffnen. Es hat das mit Religion im weitesten Sinne
zu tun. Ich möchte zeigen, daß der Mythos von
Prometheus weit mehr und Wunderbareres enthält
als nur die alte Geschichte von Schuld und Sühne.
Schließlich ist es das göttliche Feuer, das Prometheus uns verschafft hat.

Noch unter einem anderen Aspekt aber ist der
Prometheus-Mythos gerade heute durchaus aktuell:
angesichts der allgemeinen großen Krise, die in
Stichworten mit Atomkriegsgefahr, ökologischer Katastrophe und Weltuntergangsängsten umschrieben
werden kann. Aus der Fortschrittsgläubigkeit des
beginnenden industriellen Zeitalters, das sich den

Feuerbringer Prometheus zum Symbol gewählt hatte, ist heute eine allgemeine Desillusionierung, ein großes Erschrecken und eine tiefe Ratlosigkeit gegenüber den Folgen geworden, die uns alle bedrohen. Der gefesselte Prometheus, der über dem Abgrund hängt und sich mit den Folgen seiner Tat auseinandersetzen muß, ist wirklich ein passendes Symbol für unsere Zeit. Doch es ist sehr schwer, sich dem zu stellen, und wir erleben heute eher einen Amoklauf der entfesselten Technik und Industrie als Zeichen der Besinnung. Das Zitat von Kierkegaard, das am Anfang dieses Buches steht, drückt für mein Empfinden recht genau die Gefühle aus, die sich einstellen, wenn man beginnt, sich gewissenhaft mit dem Zustand unserer Erde auseinanderzusetzen. Was bei Kierkegaard vor über hundert Jahren noch die geniale und furchtbare Intuition eines unglücklichen Menschen war, ist heute das Lebensgefühl vieler geworden. Uns ist der Boden unter den Füßen weggezogen. Der äußere Abgrund, an den sich unsere Zivilisation hinmanövriert hat, spiegelt eine Leere, die wir in uns haben. Wir wissen, daß die Ängste vor der Zukunft nur allzu berechtigt sind, und von ihnen wird uns keine Psychotherapie befreien können, die es ehrlich meint. Doch wenn wir auch alle im Schatten der großen Katastrophe leben, so müssen wir doch individuell damit fertig werden und lebensfähig bleiben. Ich denke, daß Prometheus uns auch dazu etwas zu sagen hat. Er soll hier als Spiegel gelten für uns selbst. Die Auseinandersetzung mit dem Mythos von ihm ist ein Versuch, nicht zu verdrängen, sondern unsere Existenz anzusehen in einem Bild, das wir ertragen können und das uns hilft.

Bevor wir jetzt aber den Mythos von Prometheus weiter ausdeuten, wollen wir ihn erst einmal genauer kennenlernen.

Der Raub des Feuers
Wie der Mythos beginnt

Der Name Prometheus wird griechisch gedeutet und heißt „der Vor-Denker", der „Vor-Bedacht". Er denkt voraus, weiter als die anderen, und handelt danach. Der griechische Mythos steht bei den Dichtern Hesiod und Homer (um 700 v. Chr.) und Aischylos (um 470 v. Chr.). Die Bilder vom Feuerräuber oder vom gefesselten Titanen sind aber älter als die mythologischen Geschichten, die zwischen ihnen vermitteln und sie „erklären" sollen.

Die Geschichte beginnt schon im „Goldenen Zeitalter", als Götter, Menschen und Tiere noch friedlich miteinander lebten. Es war ähnlich wie im Paradies der Bibel. Es gab noch keine Mühe, keinen Streit, keine Krankheit, keinen Tod, und wie im Schlaraffenland waren alle Bedürfnisse schon gestillt, bevor sie auftraten. Die Menschen wurden noch nicht geboren, sondern wuchsen aus der Erde auf. Es gab auch noch nicht Frauen und Männer, sondern nur ein Geschlecht. Wenn wir uns die Welt eines satten Säuglings vorstellen, haben wir ziemlich genau das „Goldene Zeitalter". Der Gott, der in dieser glücklichen (aber langweiligen?) Zeit die Geschicke bestimmte oder vielmehr: alles seinen Gang gehen ließ, hieß Kronos, Sohn des Himmels (Uranos) und der Erde (Gäa). Die Menschen waren noch unsterblich wie die Götter, aber es war auch eine

Zeit, in der nicht viel passierte. Götter, Menschen, Tiere: das machte noch keinen großen Unterschied. Kronos tat sein Bestes, um eine Änderung der Verhältnisse zu verhindern; er fraß seine Kinder auf. Nur mit Schlauheit, sozusagen „vorbedacht", gelang es Mutter Rhea, wenigstens ein Kind zu verstecken und zu retten: Zeus nämlich, den sie dann anstiftete, den Kronos zu beseitigen. Aus dieser Aktion wurde ein Aufruhr, ein Kampf der Götter untereinander, und zuletzt errang Zeus die Macht auf dem Olymp.

Eine andere, unklare Überlieferung gibt es noch, nach der vor der Alleinherrschaft des Zeus nacheinander mehrere Götter regiert haben, nämlich die „Titanen", das heißt die Geschwister des Kronos, die aber immer wieder, nach einem bestimmten Zyklus, die Macht abgeben mußten an die große Muttergöttin. Einer von diesen Brüdern des Kronos, der Titan Japetos, hatte vier Söhne: Atlas (von dem wir noch hören werden), Menoitios, Epimetheus und Prometheus. Letzterer ist es, der uns hier interessiert.

Das schöne „Goldene Zeitalter" endete also plötzlich, als Zeus die Herrschaft an sich riß. Das wäre ihm ohne die Hilfe seiner Mutter, anderer Titanen und alter Götter nicht gelungen. Der wichtigste seiner Bundesgenossen wurde der schlaue Prometheus, ein Titan und Gott wie er, Vetter des Zeus. Er überredete die Kyklopen, dem Zeus leihweise den Blitz zu überlassen, mit dem dieser seinen Vater Kronos niederschlug. Prometheus verhalf Zeus zur Macht. Kronos wurde in den Tartaros, die Unterwelt, verbannt, und Atlas, Prometheus' Bruder, der die feindlichen Titanen angeführt hatte, wurde dazu verurteilt, den Himmel auf seinen Schultern zu tragen.

Zeus richtete nun seine Alleinherrschaft ein. Er beschloß, nie wieder abzutreten oder sich verdrängen zu lassen, wie er seinen Vater Kronos verdrängt hatte. Den Blitz gab er natürlich nicht wieder zurück. Und wie so mancher, der gewaltsam an die Macht gekommen ist, entwickelte er eine Angst vor möglichen Gegnern, auch eigenen Kindern, die Züge eines Verfolgungswahnes annahm. Der verdrängte Kronos in ihm selber kam zum Vorschein, und Zeus brauchte lange, bis er sich dessen bewußt wurde. Erst einmal, zum Beispiel, fraß er, aus Angst vor dem erwarteten Kind, die Göttin Metis kurzerhand auf, die er vergewaltigt hatte. Als dann das Kind in ihm selber heranwuchs, in seinem Kopf, und heraus wollte, wurde Prometheus, sein Berater, auch der Geburtshelfer. Er spaltete dem Zeus mit einem Beil (einem Doppelbeil) die Stirn, worauf das Kind heraussprang: Pallas Athene, die Göttin und Lieblingstochter ihres Vaters. (Die Geschichte wird manchmal auch von Hephaistos erzählt.)

Besonders suspekt waren dem Zeus die Menschen. Er hatte sie nicht selbst geschaffen, sie waren noch aus der alten Welt übrig, die er so gründlich verändern wollte. Sie hatten vorher alles mit den Göttern gemein, hatten mit ihnen sozusagen am selben Tisch gegessen. Ein unmöglicher Zustand in den Augen des neuen Herrn. Und er beschloß, die Menschen zu vernichten. Er verhinderte, daß die Menschen Nahrung fanden. Sie sollten verhungern. Doch jetzt trat wieder Prometheus auf den Plan. Seine zweite Tat war, daß er das Schlachten und „Opfern" von Tieren erfand. Ein großer Frevel natürlich, ein Tier zu töten, wo Tier und Mensch doch kurz vorher noch auf fast gleicher Stufe gestanden hatten. Zeus sollte es tolerieren, indem auch er einen Nutzen davon haben sollte: Menschen und Götter sollten sich darein teilen. Das war der Sinn des Opfers. Prometheus, der, als es schließlich klappte, die Menschen gerettet hatte, wurde so deren Anwalt und Fürsprech; in Attika erzählte man später, er habe die Menschen überhaupt erst erschaffen, indem er sie aus Ton formte.

Doch zunächst gab es ein Problem: Die Teilung des Opfers fiel nicht im Sinne des Zeus aus. Prometheus, so heißt es bei Hesiod, machte zwei Haufen:

... da teilt' er den mächtigen Stier
mit bedachtem Sinn in Stücke
und legte sie vor, Zeus' Geist zu betrügen:
Dort das zerstückelte Fleisch
und die fettumwachsnen Geweide
Nur in der Haut, und wickelt' es ein
in den Magen des Stieres,
Hier die weißen Gebeine des Stiers
mit täuschender Arglist
Künstlich in Haufen geordnet,
bedeckt mit glänzendem Fette...

Es sind zwei ungleiche Haufen, wobei der wertvollere wertlos, der wertlose, die Knochen, aber wertvoll aussieht. Zeus soll wählen; was er verschmäht, bleibt den Menschen. Zeus durchschaut natürlich den Betrug, aber er spielt mit:

... Böses im Herzen
Sann er den sterblichen Menschen,
das bald auch sollte erfolgen.
Darauf mit beiden Händen
erhob er das schimmernde Stierfett,

Und sein Gemüt ergrimmte,
und Zorn erfüllte das Herz ihm,
Als er die weißen Knochen des Stiers
mit Arglist versteckt sah.
Seitdem pflegen den Göttern die Stämme
der Menschen auf Erden
Immer das weiße Gebein zu verbrennen
auf duftgen Altären ...

Zunächst aber verweigert Zeus den Menschen das Feuer, das sie für das „Opfer" brauchen. Er nimmt ihnen damit auch die Möglichkeit, ihren Teil des Fleisches für sie genießbar zuzubereiten. Der schlaue Plan des Prometheus scheitert daran, daß Zeus nicht darauf eingeht. Ohne Feuer kein „Opfer", ohne Feuer kein Braten.

Und so wurde die dritte Tat des Prometheus notwendig. Er stahl heimlich das Feuer von der Sonne, versteckte etwas Glut in einem hohlen Pflanzenstengel und brachte es herab zu den Menschen. Erst als überall auf der dunklen Erde die Herdfeuer angingen, erkannte Zeus den Verrat des Prometheus, aber es war zu spät. Wohl oder übel mußte er die Menschen leben lassen und das Opfer akzeptieren, als Vertrag zu beiderseitigem Nutzen – wobei der „Nutzen" der Götter sich auf den Geruch der verbrannten Knochen beschränkte.

Seitdem haben wir Menschen das Feuer. Die Strafe des Zeus aber ist hart: Den Menschen schickt er die schöne Frau Pandora mit einem Gefäß, in dem alle Übel dieser Welt stecken. Prometheus, der die Menschen vergebens vor ihr warnt, wird an den Kaukasus gefesselt und dem Adler ausgeliefert. Von diesen Strafen werden wir später mehr erfahren.

Versuche einer Deutung des Mythos

Der Prometheus-Mythos beschreibt nicht nur individuelle, sondern allgemeine Probleme. So hat man ihn immer verstanden. Doch es ist ganz unmöglich, einen so vielschichtigen Mythos erschöpfend zu deuten. Wie bei einem Traum steckt darin immer mehr, als wir erschließen können. Eher besteht die Gefahr, daß man sich darin verliert wie in einem Labyrinth und kein Ende findet. Ich versuche hier, einige Bezirke der dunklen Geschichte etwas auszuleuchten. Der Weg, zu dem ich den Leser und die Leserin einlade, geht über drei Stationen: Im ersten Teil ist es der „Aufbruch" aus der Dunkelheit, im Bild des Feuerraubs. Im zweiten Teil geht es dann um das Leiden des gefesselten Prometheus und um die „Wandlung", die es vielleicht ermöglicht. Der dritte Teil ist überschrieben mit „Beziehung". In dem, was eine neu verstandene Pandora bedeuten könnte, suche ich eine Lösung, einen Weg aus der bedrohlichen Verstrickung und Einseitigkeit, einen Weg im Kampf zwischen Vätern und Söhnen und ebenso angesichts des hoffnungslosen Zustandes unserer Welt.

Immer wieder kommt mir ein Wort von Pascal in den Sinn:

Sorglos eilen wir in den Abgrund,
nachdem wir etwas vor uns aufgebaut,
was uns hindert, ihn zu sehen.

Ein Satz, der scheinbar keine Alternative läßt und einen verfolgen kann. Was ich hier schreibe, sind sozusagen Meditationen in einer ungemütlichen Lage.

Erster Teil
Aufbruch

Der uralte Mythos vom Prometheus wurde in den verschiedenen Zeiten mit unterschiedlichen Akzenten erzählt. Mal galt Prometheus als Held, als strahlender Lichtbringer, mal als Betrüger und Dieb. Ein gefährlicher Schlaukopf, der letzten Endes mehr Schaden als Nutzen anrichtet, oder einer, der seine gerechte Revolte mit bitteren Qualen büßen muß. Natürlich kennen nur wenige speziell Interessierte den griechischen Mythos genauer. Mehr bekannt ist sicher das Prometheus-Gedicht von Goethe: „Bedecke deinen Himmel, Zeus..." Für viele, die ich fragte, ist „Prometheus" eine Art Bild, keine komplizierte Geschichte, und zwar etwa so:

Es ist dunkel, vielleicht neblig, feucht und kalt. Auf der Erde hocken Menschen, vereinzelt, frierend. Eine triste Stimmung von Ratlosigkeit, Elend, Gleichgültigkeit. Die Zeit scheint stillzustehen, und es geschieht nichts, allenfalls immer dasselbe. Da plötzlich, wie im Theater, kommt einer daher, von oben herunter womöglich, und trägt eine weithin leuchtende brennende Fackel. Da beginnen sich die Menschen zu bewegen, richten sich auf, bringen Hölzchen und holen sich kleine Flammen vom großen Feuer. Überall flackern jetzt Feuerstellen auf, Leben kehrt ein, die Menschen beginnen zu reden und zu lachen.

Eine Szene wie aus einem Traum. Sicher jeder von uns kennt das wunderbare Gefühl, wenn man von draußen hereinkommt und Licht anmacht, ein Streichholz, eine Kerze, ein Feuer im Ofen. Das Feuer ist eines der ältesten Symbole des Menschen überhaupt.

Kommen wir auf unseren Mythos zurück. Auch hier das traurige Bild: die hungernden Menschen, die der Göttervater Zeus verderben will. Schlimm, wenn ein „Gott", das heißt ein weit mächtigeres Prinzip als man selber, einen vernichten will. Dann gibt es keine Hoffnung – es sei denn, dieser Gott überlege es sich noch einmal anders. Wir werden dem Problem bei unseren Überlegungen zum Prometheus-Mythos noch öfter begegnen.

Der andere Aspekt der Geschichte: Das Feuer ist geraubt, gestohlen, unrechtmäßig erworben. Unrecht Gut, so heißt es, gedeiht nicht. Mir ist aufgefallen, wie wenige Leute, die den Mythos kennen, sich einmal überlegt haben, wozu und warum dieser Prometheus das Feuer eigentlich raubte. Es scheint klar zu sein, daß der Mensch Feuer einfach braucht. Der Mythos gibt eine unerwartete Antwort auf eine nicht gestellte Frage: Die Menschen brauchten das Feuer, um den Göttern opfern zu können. Kaum ein Gedanke dürfte heute unzeitgemäßer und entlegener scheinen als der, irgendwelchen Göttern zu opfern und ihnen dafür auch noch das Feuer zu stehlen. Und ein merkwürdiges Opfer dürfte das sein, zu dem die Götter das Feuer verweigern, eine widersprüchliche Geschichte. Der Mythos erklärt es damit, daß die Menschen Angst haben vor den Göttern, vor den Mächten, die sie zu vernichten drohen, und durch das „Opfer" einen „Vertrag" mit ihnen schließen wollen. Die Götter sollen sich mit den Menschen vertragen und sie am Leben lassen. Angst vor den Göttern – da entdecken wir uns vielleicht wieder: Angst, das kennen wir. Ratlosigkeit, wie es weitergehen soll. No future. Es ist eine innere Nacht und Dunkelheit, in der wir oft genug etwas Feuer gebrauchen könnten. Wenigstens so lange, bis der neue Morgen anbricht.

Prometheus tut etwas Verbotenes, er bricht ein Tabu. Er bestiehlt den Gott. Schon wer etwas aus einer Kirche stiehlt, begeht eine schwere Sünde. Ich selber habe als Kind in Würzburg einmal einem Sankt Kilian vom Altar sein vergoldetes Holzschwert geklaut, ich kann nicht sagen, warum und wozu. Ich konnte es niemandem zeigen, habe es unter meinem Bett versteckt und nach einigen Tagen ebenso heimlich wieder hingetragen. Solche Streiche gehören offenbar zum Leben, ich werde noch darauf eingehen. Der „Raub des Feuers" war aber eine Tat von ganz anderem Kaliber, eine Ungeheuerlichkeit in den Augen früherer Menschen, zum Beispiel der alten Griechen. Und auch in anderen Kulturen ist die Gewinnung, Erzeugung oder Erweckung des Feuers durch den Menschen fast immer mit der Verletzung eines Tabus, der Übertretung einer geheiligten Schranke, mit einem Verbrechen verbunden. Der Aufbruch des Menschen fällt zusammen mit einem Aufbrechen der alten Wertordnung. Ein sieghafter Schritt nach vorne – und gleichzeitig eine unaustilgbare Schuld.

Ich möchte kurz einige solcher Geschichten und Mythen anderer Kulturen anführen, weil sie zeigen, daß der griechische Prometheus keineswegs allein dasteht. Auch die Unterschiede in den Auffassungen sind interessant. Es sind Geschichten vom Aufbruch unserer ältesten Vorfahren zu den Anfängen einer menschlichen Lebensweise.

Vom Tier zum Menschen

Drei Phasen kann man unterscheiden, was den Ursprung des Feuers bei uns angeht. Zuerst die feuerlose Zeit, dann die der Bekanntschaft mit dem Feuer und dessen Nutzung ohne die Fähigkeit, es selbst zu entzünden, und drittens die Entwicklung von Techniken, selber Feuer zu machen. Die Nutzung des Feuers haben vermutlich die Frühmenschen der Altsteinzeit gelernt. In China hat man, in der oft viele Meter dicken Aschenschicht am Boden der Höhlen der Frühmenschen, 400 000 Jahre alte hohle und poröse Steine gefunden, in denen man offenbar Glut aufgehoben hat. Feuer war enorm kostbar, und die ersten Menschen verdankten es dem Blitz oder der Selbstentzündung in trockenen Urwäldern. In diesen Gegenden gibt es keinen Feuerstein, und auch die Methode mit dem „Feuerquirl", bei dem man durch schnelles Drehen oder Reiben von Hölzern Feuer erzeugt, ist vermutlich erst später entdeckt worden.

Anfangs lebten die Menschen so wie die Tiere heute noch. Ureinwohner in Australien schildern in ihren Mythen eine Zeit, in der die Vorväter noch kein Feuer hatten und traurig waren, weil sie kein Essen kochen konnten und kein Lagerfeuer hatten, um sich zu wärmen, wenn das Wetter kalt war. In diesen schlimmen Zeiten, so heißt es in Neuguinea, bestand die ganze Nahrung aus reifen Bananen und getrockneten Fischen. Von dieser eintönigen und ungesunden Ernährung wurden die Menschen schwermütig und krank. Am Weißen Nil erzählt man, früher habe man die Früchte nur an der Sonne wärmen können; den oberen, halbgaren Teil hätten die Männer zu essen bekommen, die untere rohe Hälfte die Frauen. Die Zeit vor dem Feuer wird immer als traurig geschildert.

Das änderte sich, als das erste Feuer vom Himmel herabkam, mit Krachen und Blitzen. So ein Blitz aus der Nähe ist ein eindrucksvolles Erlebnis, wirklich die Erscheinung einer höheren Macht. Das Feuer von Blitzen gilt oft als „heiliger" als das selbsterzeugte. Bei einem Volk in Indien glaubt man, wenn ein Blitz einschlägt, ein Gott habe dieses „Anzünde-feuer" geschickt, und man löscht alle Herdfeuer im Dorf. Dann holt man eine Portion des vom Himmel gesandten Feuers und bringt es nach Hause, wo man es dann für alle Zwecke verwendet. Vielleicht bezieht sich der griechische Hephaistos-Mythos auf den Blitz: Bekanntlich wurde Hephaistos von Zeus vom Himmel herab auf die Erde geschleudert und hinab in den Tartarus. Dort arbeitet er als Schmied für die Götter. In Australien wird erzählt, wie einige Menschen zuerst Feuer von einem brennenden Busch bargen, den ein Blitz entzündet hatte. Sie überantworteten das kostbare Element einer alten Frau mit dem strengen Befehl, es nicht ausgehen zu lassen. Jahrelang hütete sie das Feuer und hielt es am Brennen, bis es in einer feuchten Nacht doch ausging. Auf der Suche nach dem Feuer wanderte sie darauf lange durch die Wildnis, immer vergeblich, bis sie eines Tages die Geduld verlor und zwei Holzstücke von einem Baum abbrach, die sie im

Zorn heftig gegeneinander rieb. Die unvorher-
gesehene Folge war, daß durch diese Reibung Feuer
entstand.

Meist wird ein Tabu verletzt, um das Feuer herab-
zuholen. Bei Victoria, Australien, ist die Rede von
einem Mann, der vor langer Zeit, „in der Traum-
Zeit", einmal einen Speer, an dem ein langes Seil
hing, hinauf in den Himmel warf, wo er in einer
Wolke steckenblieb. Der Mann kletterte hinauf und
brachte Feuer von der Sonne mit herunter. Oder es
heißt, einige bekamen den Auftrag, Feuer von der
Sonne zu holen. Sie gingen nach Westen zum Son-
nenuntergang, und in dem Augenblick, als die glü-
hende Kugel unter dem Horizont versank, nahmen
sie schnell ein Stückchen davon weg und brachten
es nach Hause in ihr Lager. Wenn es verbraucht war
und nichts mehr taugte, mußte neues Feuer geholt
werden. Die Boten trugen das kostbare Element auf
der langen Reise in der Schale einer Muschel – eine
eigenartige Verbindung von Feuer- und Wassersym-
bolik.

Der Besitz des Feuers war den Menschen verboten. Oft heißt es, sie hätten es von bestimmten
Tieren gestohlen oder aber durch die Mithilfe eines
anderen Tieres sich heimlich oder trickreich be-
sorgt. Die Tiere besaßen das Feuer lange Zeit, bevor
es in die Hand der Menschen kam. Eine eigenartige
Vorstellung, die in die Urzeiten zurückweist, in denen Menschen und Tiere noch Brüder und Schwe-
stern waren. Die Tiere führen da ein Leben ganz
ähnlich wie die Menschen und sind ihnen an Intelli-
genz sogar überlegen. Solche Mythen sind außeror-
dentlich zahlreich und über die ganze Erde verbreitet. Zum Beispiel bekamen die Menschen das Feuer

von Vögeln, Krähen vor allem, aber auch von Geiern (Südamerika), dem Zaunkönig (z. B. in Viktoria, wo er das Feuer den Krähen stiehlt, den Menschen bringt und sich dabei die Schwanzfedern verbrennt, die heute noch rotgefärbt sind), dem Falken, Kakadu, Eisvogel, Specht und so weiter. Die Schwalbe entwendet es der Sonne, die zornig einen Feuerstrahl hinterherschickt und ihr damit den Schwanz spaltet. In Frankreich ist es das Rotkehlchen, das davon die roten Brustfedern behält. Feuerbringer sind seltsamerweise auch Wassertiere: die Wasserratte, der Dorsch, Tintenfische, Frosch oder Kröte; außerdem der Jaguar, der Beutelwolf, besonders häufig der Hund. Hund und Lagerfeuer gehören ja seit Urzeiten zusammen. Das Feuer-Tier der Germanen ist das Eichhörnchen, das wie eine rote Flamme am Baumstamm hinauf- und hinunterhuscht, ein trickreiches Tierchen, das sich in ein Männlein verwandeln kann und Wünsche erfüllt, wenn es will. Es ist launisch wie das Feuer, aber eigentlich gutmütig. Im christlichen Aberglauben hat es, als „heidnisches" Wesen, mit dem Teufel zu tun.

Einen anderen Akzent hat eine weitere australische Geschichte: Das Feuer gehörte ursprünglich dem „Euro", einem Totem-Tier. Solche Wesen waren absolut geheiligt und unverletzlich. Ein Mann aber tötete das Euro, um das Feuer zu bekommen. Er „riß das Geschlechtsorgan heraus, das sehr lang war, spaltete es in zwei Teile und stellte fest, daß es tiefrotes Feuer enthielt"[1]. In diesem Mythos finden wir schon eine Verbindung von Schuld, Tötung eines Tieres, Forscherdrang und männlicher Sexualität, die uns im Zusammenhang mit Prometheus beschäftigen wird.

Zeiten des Aufbruchs

Jetzt möchte ich den Bogen schlagen zu dem, was der Prometheus-Mythos uns für unser eigenes kleines Leben sagen kann. Ich glaube, es ist eine ganze Menge, auch wenn es bei uns nicht um den Kampf der Götter oder den Raub des himmlischen Feuers von der Sonne geht, jedenfalls nicht wörtlich. Solch ein Mythos spiegelt zweierlei: die Entwicklung und Ordnung der Kultur, in der der Mensch lebt, und gleichzeitig die Entwicklung und das Leben des einzelnen Menschen. Indem der Mythos beides – unausgesprochen – auf einen gemeinsamen Nenner bringt, stiftet er „Sinn" für den, der sich im Mythos wiedererkennen kann. Es ist ähnlich wie beim Märchen, das wir den Kindern vorlesen. Alles findet da seinen Platz: Glück und Pech, Schrecken und Wunder, Angst und Schadenfreude. Das Märchen bringt „Licht" in die Seele des Kindes, es „erklärt" die dunklen Probleme und Fragen und zeigt, warum der Königssohn hinaus muß und wie er das tun kann, was gefährlich ist und verboten, aber notwendig zu tun. Der Mythos ist, wie es scheint, mehr für Erwachsene, aber es geht um das gleiche: den notwendigen Aufbruch ins Leben.

Bei uns geht es – erinnern wir uns! – dabei meist überhaupt nicht heroisch zu. Denken wir an den dreizehnjährigen Jungen, von dem zu Anfang die Rede war: Er ist kein strahlender Held, sondern ein aufsässiger Schuljunge, der klaut. In solch traurigen Niederungen bewegt sich das Leben, zumindest wie es sich in der kinderpsychiatrischen Sprechstunde zeigt. Da wird nicht, zur Errettung der frierenden Menschheit, das göttliche Feuer zur Erde gebracht, sondern da wird gezündelt, geklaut und gelogen.

Und doch, meine ich, hat das mit Prometheus zu tun. Die Notlage, die Angst, der unklare Drang, das Physikgerät stehlen zu müssen, das Verbotene tun zu müssen, hatte für den Jungen etwas so Zwingendes, Unausweichliches, wie man es sich vom griechischen Prometheus vorstellen kann. Physik ist der Beruf und die Liebe seines Vaters. Es ist eine besondere Entweihung, ein besonderer Frevel, wenn der Sohn gerade ein Physikgerät stiehlt, und zugleich ein verzweifelter Versuch, sich damit irgendwie etwas anzueignen, das der „Vater" nicht hergibt. Zuletzt muß der Junge die Schule verlassen. Es ist für ihn ein gewollt-ungewolltes Aufbrechen in eine neue „Freiheit".

Ganz geht so eine Fallgeschichte natürlich nie auf, und der alte Mythos ist immer viel umfassender und „richtiger", um eine allgemein-menschliche Situation zu beschreiben. Daher werde ich mich auf ganz wenige Fallbeispiele beschränken.

Es ist auch so, daß jeder „Fall", jeder Patient, jeder Analysand (und auch jeder Analytiker) sein ganz persönliches, unverwechselbares Schicksal hat und jede Analyse ein ganz einzigartiges Geschehen ist. Manchmal ist es tröstlich für den, der es braucht, von geglückten therapeutischen Beziehungen in dem einen oder andern Fall zu lesen. Leicht geht dabei aber verloren, daß jeder in seiner eigenen Analyse sich selber begegnet, seiner eigenen Schuld, seiner eigenen Scham, seiner eigenen Schwäche und Kraft und Treue zu sich selber. Auch eine Analyse ist ein „Aufbruch". Auch hier muß etwas „geraubt" werden. Es muß dem Unbewußten etwas abgerungen werden an Einsicht und Bewußtwerdung, das es nicht oder nur sehr widerstrebend hergeben will.

Aufbruchssituationen gibt es viele im Leben. Zuerst „geschehen sie" dem Kind, dem jungen Menschen, und später muß er sie oft selber und bewußt „vollziehen". Vom Laufenlernen angefangen über die Trotzphase, die Einschulung bis zur Pubertät geht die Entwicklung durch eine Reihe von Aufbrüchen, die beides bedeuten: das Aufbrechen, Verlassen und die Zerstörung der alten Geborgenheit und den Schritt in einen neuen, weiteren Horizont. Immer wieder sind Zeiten des Zögerns dazwischen, der Aufarbeitung, in denen Hänschen wieder ganz klein wird und zur Mutter zurückkehrt, vorübergehend.

Aufbruchssituationen gibt es auch später. Sie werden teils erlitten, teils getan. Sie haben etwas Beklemmendes und etwas Befreiendes. Um „Erleiden" geht es, wenn die bisherige Sicherheit der Lebenssituation plötzlich aufbricht und uns vor eine unerwartete neue Situation stellt. Das kann der Tod eines nahestehenden Menschen sein, der Auszug der Kinder aus dem Haus, eine Krankheit oder der Verlust der Arbeitsstelle. Der Mensch muß sich neu orientieren, alle Kraft zusammennehmen und den neuen Weg finden. Es ist ein Aufbruch aus Mangel. Die markante Zeit solchen Aufbrechens ist bekanntlich die Lebensmitte, wenn das bisherige Leben fragwürdig wird, sinnlos erscheint, die Farbe verliert und ein neuer „Sinn" gesucht und gefunden sein will. Der Horizont wird jetzt mit jedem Schritt enger, und die Schatten werden länger. Es ist die Midlife-crisis, die große Zeit der Depressionen und der einsamen Entschlüsse, aber auch der Resignation und der Frage nach der Religion. Im Bild des gefesselten Prometheus werden wir sie wiederfinden, eine neue, andere Art von „Feuerraub" wird dann notwendig. Anders scheint es bei den Aufbruchssituationen der Kindheit und der Jugend zu gehen. Wenn es „an der Zeit ist", richtet sich das Krabbelkind auf.

Eine saubere Trennung ist allerdings schwer: Welcher Aufbruch geschieht aus Mangel, welcher aus Überfluß? Ganz am Anfang steht beim Prometheus das „Goldene Zeitalter", was wir deuten können als das „Paradies", die leiblich-seelische Einheit des Kindes mit der Mutter in der schützenden Höhle des Leibes. Die Geburt ist ein Rausschmiß aus dem Paradies, unverschuldet, aber heftig. Heute wissen wir, daß das reife Kind im Mutterleib das Seine dazu beiträgt, die Geburt einzuleiten. Dann liegt der Säugling auf dem Arm der Mutter. Schon in dieser frühen Zeit beginnt offenbar für nicht wenige die Zeit des Mangels. Wenn das Kind nicht die richtige warme Zuwendung bekommt, die es braucht, kann das entstehen, was man psychoanalytisch als „frühe Störung" bezeichnet. Solche Menschen haben zeitlebens Angst vor Verlassenheit, ein wenig zugängliches Gefühlsleben, sind ganz unberechenbar, haben überwältigende Scham- und Schuldgefühle und retten sich oft in „grandiose" Phantasien von eigener Schönheit, Macht und Größe. Das ist wie ein Feuer, das sie sich schon ganz früh rauben mußten, um nicht gleich den inneren Kältetod zu sterben. Allerdings ist das dann ein Feuer, das auf Dauer nicht wärmt und immer wieder gleich ausgeht. Dann stürzen die Kranken in tiefe Depressionen. Ich werde später den Fall einer Frau beschreiben, die aus Mangel zu früh zum Prometheus werden mußte.

31

Schuld und Scham

Es gibt eine Phase im Leben, auf die der Prometheus-Mythos ganz besonders paßt, die Phase der
Entwicklung, auf die wir auch in einer analytischen
Therapie immer wieder zurückkommen: die Pubertät. Jeder von uns hat sie erlebt, hat vermutlich
unbehagliche Erinnerungen daran, Erinnerungen an
Heimlichkeiten, Schuldgefühle, Ängste, aber auch
verklärte Erinnerungen an die erste heimliche Liebe
und die vielleicht damals bestürzende Einsicht, bald
„frei" sein zu können und sein eigener Herr. Das
Verhältnis zu den Eltern hatte sich verändert, vielleicht gab es bedrückende Auseinandersetzungen,
nie ganz geklärte „Mißverständnisse", Traurigkei-
ten, Einsamkeit. Eine insgesamt recht gemischte
Zeit, in die der junge Mensch da hineingeraten ist,
als „es an der Zeit war".

Gemischte Gefühle erweckt auch die Gestalt des
griechischen Prometheus. Erst einmal hat er, natürlich, eindeutig die Sympathie auf seiner Seite. Mir
selber ging es, als ich dieses Buch begann, nicht
anders als den Kollegen und Freunden, die ich nach
„ihrem Prometheus" befragte: „Ein großartiger Bur-
sche, wie er da das Feuer von dem alten verknöcher-
ten Patriarchen wegnimmt, der es nicht hergeben
will." Die nächste Reaktion aber: Eine bedenkliche
Geschichte, wenn man die Folgen ansieht. Meist fiel
dann das Wort „Tschernobyl". Es war, als habe Zeus
schon gute Gründe gehabt, warum er den Menschen
das Feuer nicht in die Hand geben wollte. Im Jahr
von Tschernobyl hatte ich mir vorgenommen, den
„positiven Prometheus" zu suchen. Es fiel mir ungeheuer schwer.

Können wir uns mit Prometheus identifizieren? Der griechische Feuerholer ist, wie wir sehen, gar kein strahlender Held, der sich gegen Ungerechtigkeit auflehnt. Er ist von durchaus zweifelhaftem Charakter, ein merkwürdiger Gott, der es erst mit Zeus, dann mit den Menschen hält und der schließlich zum Dieb wird, nachdem es ihm nicht gelungen ist, seinen alten Chef-Partner zu hintergehen. Ein Dieb und Betrüger. Und doch hat er unsere Sympathie, und wir empfinden seine Bestrafung als grobes Unrecht. Eine unmoralische Geschichte. Gerade das macht die Geschichte so interessant: Sie spielt zu dem Zeitpunkt, wo „Schuld" und „Scham" sozusagen gerade erst entstehen. Es ist die Zeit, die große Krise der Pubertät. Auch Zeus übrigens steht in moralischer Hinsicht nicht viel besser da als Prometheus. Zeus macht, was er will, ohne die geringsten Skrupel, und macht seinem Namen als „Vater der Menschen und Götter" erst einmal wirklich keine Ehre. Die Menschen, die vom Verhungern bedroht sind, müssen durch Betrug gerettet werden, und später werden sie den Göttern opfern, damit diese sie in Ruhe lassen. Es ist ihre einzige Chance. Die Interessen der Götter sind völlig anders als die der Menschen – das ist das Weltbild des alten Griechenlands. Und mitten in dieser schicksalhaften Konfrontation steht Prometheus, ein Gott, der mit den Menschen gemeinsame Sache macht, vermittelnd, betrügend, handelnd und leidend.

Offensichtlich können wir einen „moralischen" Maßstab wie den christlichen an die griechischen Götter noch nicht anlegen. Sie handeln wie Kinder, die sich noch nicht viel Gedanken machen – eben wie wir längstens bis zur Pubertät. Pubertät heißt

„Scham-Zeit", kommt vom lateinischen *pubes*, die Scham; es ist die Krisenzeit, in der dem jungen Menschen „die Augen aufgehen" und er lernt, sich „zu schämen". Die Szene, auf die ich hier anspiele, ist die vom Sündenfall in der Bibel. Der griechische Zeus hat nämlich einige Ähnlichkeit mit dem Gott des Alten Testaments. Denken wir an die Sintflut oder die Vertreibung aus dem Paradies: Auch hier beginnt die „Geschichte" der Menschen mit einem bösen Aufwachen. Eva hatte die Frucht vom Baum gerissen, und sie und Adam hatten davon gegessen. Es ist ein Tabu-Bruch wie der Raub des Feuers. Was hatte die Schlange der Eva versprochen: „Ihr werdet sein wie Gott und wissen, was gut und böse ist." In der Bibel liegt die anfängliche Schuld, anders als im griechischen Mythos, beim Menschen. Doch ganz so einfach ist es auch hier nicht; wäre – um mit dem Philosophen Ernst Bloch zu sprechen – die eigentliche Sünde nicht die gewesen, nicht sein zu wollen „wie Gott"? Das ist ein weitreichender Gedanke. Durch den sogenannten „Sündenfall" bekommt der Mensch einen Anteil am Göttlichen, ebenso wie beim Raub des göttlichen Feuers. Sollte Gott das nicht – vielleicht – gewollt haben? Diese Art „Schuld" scheint ein notwendiger Schritt ganz am Anfang zu sein. Lesen wir die Bibel genauer:

Da wurden ihnen die Augen aufgetan,
und sie wurden gewahr,
daß sie nackt waren.

Von „Schuld" ist hier noch gar keine Rede, sondern von „Scham". „Schuld" und „Scham" sind in unserer christlichen Kultur meist verbunden, bedeuten aber durchaus nicht dasselbe. Scham ist ein

viel älteres, instinkthaftes Gefühl. „Schäm dich!"
trifft jeden Menschen, es wirkt wie eine Beleidigung,
der man nicht entrinnen kann. Scham hat mit dem
Körper zu tun („erröten") und bezeichnet die Scheu
vor körperlicher und seelischer Entblößung. Dahinter steht das Eingeständnis von objektiver Schwäche, Verletzlichkeit und Unterlegenheit.

Scham gibt es auch in alten Kulturformen, die
keinen Begriff von „Schuld" haben, zum Beispiel bei
den Eskimos oder im alten Japan. Auch bei den
alten Griechen der mythischen Zeit galt das Recht
des Stärkeren, noch nicht die „Moral". Wer den
Göttern nicht opferte, war nicht „böse", sondern
dumm.

Die Verbindung von Scham mit „schlechtem Gewissen", wie wir sie kennen, ist kulturgeschichtlich
jüngeren Datums[2]. Wir lernen sie spätestens in der
Pubertät. Es ist das, was mit Prometheus passiert. Er
setzt erst einmal dem Recht des Stärkeren das
Recht des Schlaueren entgegen, des intellektuell
Stärkeren. Auch Trick und List sind legitime Mittel
der Auseinandersetzung. Vielleicht ist sogar Spaß
dabei. Scham und Spott gehören ja zusammen. Prometheus legt den Zeus herein, indem er das Opfermahl mit seiner ungleichen Teilung erfindet. Als
Zeus seine Lektion gelernt hat, versucht er seiner-
seits den Prometheus und die Menschen hereinzule-
gen: mit der hübschen Pandora. Diese Haltung entspricht einer Stufe in der Bewußtseinsentwicklung,
in der gut und böse, schlau und dumm noch nicht
richtig auseinanderdifferenziert sind und gewissermaßen ausprobiert werden. Wir finden das bei kleinen Kindern bis zur Pubertät wieder. Die mythischen Figuren, die dieses Stadium der Bewußt-

seinsentwicklung verkörpern, Prometheus, aber auch Hermes oder, für unsere Kinder, der Kasper im Kasperletheater, sind Schelme, Trixter, die an beiden Seiten Anteil haben. Schlau-dumm sind sie, und ihre rechte Hand weiß oft nicht, was die linke tut. Eine moralische Wertung kann man bei ihnen noch nicht vornehmen.

Der Trixter ist ein Bild aus der Kindheit der Menschheit. „Schuld und Sühne" gibt es da noch nicht. Wenn der Schelm einmal einsieht, was er da wieder angerichtet hat, dann „schämt" er sich und lernt daraus – mit ein wenig Glück. Hier gibt es noch nicht den Erzengel Michael, der den Lucifer, den Lichtträger, als „gefallenen Engel" in die Tiefe stößt für immer. Eher paßt hier das Eichhörnchen, das lustige, trickreiche Männchen, der Liebling der Kinder, das die Nüßlein vergräbt und nicht wieder findet.

In der Pubertät, der „Scham-Zeit", ist es damit vorbei. Jetzt kommt die andere, die bedenkliche, furchtbare Seite der Geschichte zum Tragen. Manchmal werden die Schuldgefühle so übermächtig, daß eine Neurose entsteht, die den jungen Menschen in der Folgezeit quält: ein Waschzwang zum Beispiel oder eine Pubertäts-Magersucht. Es ist wie die Bestrafung des Prometheus für eine „Schuld", die eigentlich und anfänglich gar keine war.

In der analytischen Therapie ist es der entscheidende Wendepunkt, wenn es gelingt, die Ebene von Schuldgefühlen und Selbst- oder Fremdvorwürfen zu verlassen und zur „Scham" (zurück-) zu finden. Das ist der allerintimste Moment, und es ist der Augenblick der Wahrheit. Und dann erst wird es möglich, auch von der wahren Schuld zu sprechen.

Väter und Söhne
Deutung auf der Objektstufe

Die Pubertät ist eine Zeit körperlichen und seelischen Umbruchs und weitgehender Neuorientierung. Es ist ein Aufbrechen und ein Aufbruch für beide Teile: Kind und Eltern. Das Kind ist damit konfrontiert, daß sein Körper sich ändert, in die Länge wächst, „zu groß" wird, oder daß neue Rundungen auftreten. Es melden sich auch neue Gefühle, das ganze Spektrum der Sexualität, neue, unbekannte und beunruhigende Antriebe, Ängste und auch die Probleme der mehr oder weniger geliebten oder fragwürdigen Geschlechtsrolle. Der junge Mensch ist kein Kind mehr, aber auch noch nicht erwachsen, nicht Fisch, nicht Fleisch, für die einen zu groß, für die andern zu klein. Manchmal ist er wie „überdreht", dann wieder still und verschlossen, als habe er etwas zu verbergen. Die Eltern ärgern sich vielleicht, daß plötzlich alles andere wichtiger ist als die Schule, ärgern sich über die Geheimniskrämerei, merken aber auch, daß sie bald kein „Kind" mehr haben, sondern selber die Mitte ihres Lebens überschreiten. Und wenn sie noch so tolerant sind, alles nützt nichts, das Kind löst sich immer mehr von ihnen und geht eigene Wege. Das läuft natürlich nicht konfliktfrei ab, jeder von uns wird das kennen – und sei es aus der eigenen Jugend. Manchmal erreichen die Konflikte und Kämpfe durchaus die Dimensionen eines antiken Dramas. Und wie in einer früheren Krisenzeit der Ödipus-Mythos, so trifft jetzt der Mythos vom Feuerraub und seinen Folgen recht gut die innere Dynamik, um die es

37

geht, und zwar oft genug über die Köpfe der Betroffenen hinweg.

„Väter und Söhne": Der Prometheus-Mythos spricht, wie ich gemerkt habe, Frauen weniger an als Männer. Das ist kein Wunder. Im griechischen Mythos vom Feuerraub spielen Frauen ja nur eine untergeordnete und negativ besetzte Rolle, zumindest auf den ersten Blick. Und es gibt andere Mythen, die das Verhältnis von Müttern und Töchtern untereinander zum Thema haben, vor allem den Demeter-Mythos. Es geht, da ist gar kein Zweifel, bei Prometheus erst einmal um eine Auseinandersetzung auf der männlichen Seite. Und doch denke ich, daß diese Geschichte für Frauen nicht weniger interessant sein müßte: Es ist das Schicksal ihrer Söhne, und es ist auch die Geschichte des „Männlichen" in ihnen. In der (noch?) patriarchalen Gesellschaft ist das Bewußtsein, auch das der Frauen, oft „männlich" geprägt.

Prometheus nimmt da eine interessante Zwischenstellung ein, er hat nämlich eine besondere Beziehung zu seiner Mutter. Er spielt bei den Machenschaften des Zeus an einem bestimmten Punkt nicht mehr mit, wenn es nämlich darum geht, Geschöpfe der Mutter Erde zu vernichten. Erinnern wir uns, wie seinerzeit Zeus' Vater Kronos seine Kinder auffraß und wie deren Mutter ihren jüngsten Sohn Zeus rettete und gegen den destruktiven Vater schickte. Als Zeus später denselben Kurs einschlägt und die Menschen vernichten will, hilft die Große Mutter dem Prometheus.

Wenden wir das jetzt auf eine Familie an wie die des dreizehnjährigen Schülers, der in die Pubertät kommt. Zuerst möchte ich den Mythos auf dieser sogenannten „Objektstufe" deuten wie einen Traum, so daß wir in den Personen des Mythos die Mitglieder einer Familie sehen. Prometheus steht für das Kind, vor allem den Sohn, und Zeus für den Vater. Zeus ist zwar im griechischen Mythos nicht der „richtige" Vater des Prometheus, nur sein Vetter, doch heißt er „Vater der Menschen und Götter" und ist sozusagen auf dem Wege, zur akzeptierten Vaterinstanz zu werden. Bei Hesiod wird Zeus ohne Beschönigung und reichlich nüchtern dargestellt. Genauso nüchtern und kritisch sehen Pubertierende oft ihre Eltern. Die Pubertät ist auch ein Hineinwachsen in gesellschaftliche Verantwortung, und der Jugendliche sieht kritisch darauf, wie denn die Eltern ihre Verantwortung wahrnehmen. Zeus macht da keinen guten Eindruck – und viele Eltern heute leider auch nicht! Unser pubertierender Prometheus muß sich seinen Anteil am „Feuer" aus eigenem Recht nehmen, gewaltsam, heimlich, insbesondere gegen den Vater. Männliche pubertierende Jugendliche kommen dabei leicht in die Rolle, Verbündete der Mutter zu werden, die selber an den Launen des älterwerdenden Haustyrannen leidet. Es wiederholt sich in der Pubertät öfter die Konstellation, die seinerzeit während der Ödipus-Phase entstanden ist. Prometheus wird zum Mutter-Sohn. Er will niemals so werden wie der Vater. Auch das Mitgefühl mit den Unterlegenen, die vorausschauende, „prometheische" Sorge um die „Geschöpfe" ist ein „weiblicher" Zug, der den Sohn oft mit der Mutter verbindet, wenn wir die Haltung des Zeus auf dieser Stufe als „männlich" bezeichnen wollen.

Der Pubertierende ist jung, vielleicht dreizehn Jahre, voller Kraft, begierig auf das Neue, Unbekannte und voller Lebensdurst. Die Jugend bringt neue Ideen ins Leben ein, will sich die Welt selber einrichten. Es beginnt mit dem eigenen Zimmer und den Posters an der Wand. Das ist oft nicht gerade originell, aber doch eine Welt, die den Eltern verschlossen bleibt. Neue Ideen sind immer der Feind der alten. Die alten Ideen der Väter sind meist die kollektiv anerkannten: wonach man strebt, wie man miteinander umgeht oder welche Automarke vernünftig ist. Dem Jungen reicht das alles überhaupt nicht. Kollektiv anerkannte Auffassungen sind aber notwendigerweise nicht mehr flexibel, sondern starr und werden schnell zum unerträglichen Korsett für die noch nicht allgemein anerkannten Ideen der Jungen. Vor allem, wenn der Pubertierende jetzt noch spöttisch und mit ungetrübtem Scharfblick die Fehler der alten Auffassungen beim Namen nennt, ist die Bereitschaft der Väter zur Selbsterkenntnis weit überfordert. Und oft genug reagieren die Väter mit zynischen und grausamen Retourkutschen, die das Verhältnis zwischen beiden nachhaltig zerstören. Bei Prometheus dauerte das Zerwürfnis 30 000 Jahre. Und beide sind zu starr, um sich selber (oder gar einander) einzugestehen, wie sehr sie daran leiden.

Noch aber versucht Prometheus einen Kompromiß, versucht zu vermitteln; er erfindet und stiftet das „Opfer". Von ihm sollen beide Teile profitieren. Geopfert wird ein Tier. C. G. Jung deutet das Tieropfer so, daß es die freiwillige Hingabe von „tierischen", „natürlichen", das heißt rein triebhaften Anteilen im Menschen bedeute[3]. Nur durch dieses Opfer kann sich die spezifisch menschliche, das heißt bei Jung „kultürliche" Seite des Menschen entwickeln. Prometheus, der das Tier opfert, also das erwachende Triebleben, insbesondere die Sexualität, bringt so die Kultur. Allerdings möchten wir fragen: Ist das Angebot des Prometheus an Zeus überhaupt ernst gemeint? Der griechische Opferer bietet dem Göttervater ja nur die Knochen an, in „täuschender Arglist bedeckt mit glänzendem Fette“. So sagt es Hesiod und begründet damit die spätere Strafaktion des Zeus. Die Götter könnten allerdings ohne das Opfer genauso gut leben, sie haben das gar nicht nötig. Eine „gerechte Teilung“ zwischen Menschen und Göttern ist für das Weltbild der Griechen von vornherein ausgeschlossen und unmöglich; und das Töten eines Tieres ist für die alten Kulturen auch immer ein Raub, ein Verbrechen an der Natur. Daran ändert wenig, daß es ein „notwendiges Verbrechen“ war, ein notwendiges Vergehen an dem „die Menschen umgebenden Göttlichen“, wie Kerényi[4] sagt, um überleben zu können. Auch das „Opfer“ des Pubertierenden kann letzten Endes gar nicht funktionieren, selbst wenn der Vater mitspielt und sozusagen sein „Feuer“ dazugibt. Der Verzicht auf wesentliche Anteile seines Trieblebens zugunsten des alten Vaters ist für den Heranwachsenden einfach nicht möglich. Und jeder Versuch der Umwandlung und „Sublimierung“ der sexuellen Triebenergien in fleißiges Lernen oder sportlichen Ehrgeiz läuft genauso darauf hinaus, daß der Junge in absehbarer Zeit den Platz des Alten einnehmen wird. Auch wenn das Kompromißangebot, das „Opfer“ des Prometheus ernst gemeint ist, kann es einfach nicht glatt funktionieren. Die Sexualität ist es vielleicht in erster Linie, die den Vater neidisch werden läßt auf den Sprößling. Leicht übersieht er,

weil er sich an die eigene Pubertät ungern zurück-
erinnert, wie schwer für den Pubertierenden der
Umgang mit den neuen Gefühlen und Unausgegli-
chenheiten ist, die ihn überfluten können. Bei Hermann Hesse („Kinderseele") und Robert Musil
(„Törleß") gibt es eindrucksvolle Darstellungen davon. Der junge Mensch muß allein damit fertig werden – oft allein gelassen von den Eltern, und ebenso
oft, ohne die Eltern dabei wirklich noch brauchen
zu können. Es ist die „Scham-Zeit". Heftig und
„undressiert" sind die triebhaften Angelegenheiten.
Da heißt es zum Beispiel, er wolle „sich 'ne Flamme
rauben". Der „Alte" ist neidisch auf den Sohn mit
den jungen Freundinnen, auch wenn das „grüne
Gemüse" für ihn nicht mehr in Frage kommt. Der
Stachel sitzt tief. Und wenn schließlich der Sohn
heimlich das Auto des Vaters „raubt" und damit die
Freundin spazierenfährt, gibt es Krach.

Bleiben wir noch einen Augenblick bei der Sexualität. Von der Eifersucht des Zeus, des Vaters auf den
vitalen Sprößling ist auch in einer Bemerkung des
französischen Philosophen Bachelard die Rede, der
1930 eine „Psychoanalyse des Feuers" schrieb. Bachelard verbindet Sexualität und die Erfindung des
Feuer-Anmachens. Er denkt an die Methode durch
Reiben zweier trockener Hölzer, das eine in einer
Rille des andern. Diese Erfindung sei „durch ganz
und gar intime Erfahrungen beeinflußt... Die Liebe
ist die erste wissenschaftliche Hypothese für die
objektive Wiederbeschaffung des Feuers. Prometheus ist viel eher ein starker Liebhaber als ein
intelligenter Philosoph, und die Rache der Götter ist
eine Rache von Eifersüchtigen."[5]

Von hier ist nur ein kleiner Schritt zu der großen

Bedeutung, die die Sexualität in den Augen der Psychoanalyse S. Freuds hat. Hier würde man den Prometheus-Mythos wohl ausschließlich auf Pubertät und Sexualität beziehen: Der Sohn rückt auf, um nach dem Vorbild des Ödipus, der seinen Vater sogar erschlagen hat, diesen zu verdrängen. Der Sohn raubt sich die sexuelle Lust und die väterliche Zeugungskraft, die im Penisrohr verborgen ist wie das gestohlene Feuer im hohlen Pflanzenstengel. Zur Strafe leidet er dann an der Kastrationsangst: daß ihm etwas „weggefressen" wird wie dem Prometheus vom Adler des Zeus – so lange, bis er sich mit ihm identifiziert und seine „weiblichen" Anteile an ihn verrät. Vielleicht wäre die Angst des gefesselten Titanen vor dem Adler auch ein Bild für eine „Tierphobie"; in der Tat gehen Ängste vor bestimmten Tieren (z. B. Pferden, Hunden oder Spinnen) auf pubertäre Ängste oder ein unbewußtes Strafbedürfnis zurück.

Pubertierende träumen gelegentlich oder phantasieren es sich heimlich aus, wie es wäre, wenn die Eltern, vor allem der Vater, tödlich verunglücken würden. Manchmal sind die Mordphantasien gegenüber dem Vater sogar bewußt. Um selber leben zu können, muß man einen anderen töten. Der Impuls oder Gedanke des Vatermords ist dann eine furchtbare Neuauflage des Ödipus-Problems. Aus der untilgbaren Schuld dieser Phantasie entstehen vielleicht die meisten Neurosen und Schlimmeres. Denn irgendwo muß der verzweifelte aggressive Impuls ja bleiben.

Hinter der „Schuld" steckt ein Konflikt. Es geht dabei um widersprüchliche Gefühle, und zwar auf beiden Seiten. Der Vater ist auch stolz auf den Sohn und erwartet von ihm allerhand, was ihm selber vielleicht noch nicht klar ist. Vieles läuft dabei über die Leistungsebene. Leistung ist es, was dem Sohn eine Existenzberechtigung gibt. Der Sohn will es sogar besser machen als der Vater. Bachelard hat von einem „Prometheus-Komplex" gesprochen, dem Zwang, auch geistig, praktisch und in technischen Dingen alles besser machen zu wollen oder zu „müssen" als der Vater. Es ist der Zwang zum „Schneller, Höher, Weiter" ohne Frage nach dem Sinn des Ganzen. Vielleicht beginnt dieser Komplex als Kompromißangebot, als Versuch, die positiven Erwartungen der Eltern an ihr Kind zu erfüllen; denn es sind ja nicht nur negative, repressive Gefühle, die beim Kind ankommen oder die es selber den Eltern gegenüber verspürt. Da spielt auch Liebe eine Rolle, und die Sehnsucht, daß „alles wieder gut wird". Dazu kommt aber der ungeheuer problematische „Auftrag" des Lebens, die Eltern wirklich irgendwann abzulösen, zu Grabe zu tragen, auf eigenen Füßen zu stehen und später selber die Fackel des Lebens weiterzureichen an die eigenen Kinder – widersprüchliche Gefühle, oft in heftigem Wechsel und schwer zu vereinen. Wenn in einer Psychoanalyse über die Pubertät gesprochen wird (und nicht nur dann!), kommt oft eine ganze Palette widerstreitender und nicht versöhnter Gefühle an den Tag. „Lieb mich trotzdem", signalisiert der Analysand, der seine Scham findet und darüber spricht, oft das erste Mal im Leben.

„Lieb mich trotzdem!" – mit diesem Motto könnte man die ganze Pubertät überschreiben. In der Psychosomatik deutet man sogar die „Körpersprache" der Pubertätspickel, die ausgerechnet in der Zeit der ersten Liebe das Gesicht verunstalten, in diesem Sinne. Der junge Mensch im Aufbruch möchte trotz allem geliebt werden.

Zwei Seelen in einer Brust
Deutung auf der Subjektstufe

Widerstreitende Gefühle in einer Seele: Es ist, als würden zwei verschiedene Persönlichkeiten in ein und demselben Menschen miteinander im Streit liegen. Auch in diesem Sinne können wir den Prometheus-Mythos deuten, wenn wir versuchen, die handelnden Gestalten, insbesondere Zeus und Prometheus, als verschiedene Aspekte in einer Person aufzufassen. Das ist gar nicht einfach. Es heißt, daß wir die einseitige Parteinahme für unseren Prometheus aufgeben und versuchen müssen, auch den Zeus zu verstehen und ihn als Teil der eigenen Ganzheit zu akzeptieren.

Diese Betrachtungsweise setzt ein gewisses Umdenken voraus. Im täglichen Leben glauben wir oft genug mit der Objektstufe auszukommen, nach dem Motto: Prometheus gut, Zeus böse. Wir befinden uns natürlich immer auf der richtigen Seite. Der griechische Mythos kann uns die Problematik solcher Zuordnungen vor Augen führen. Den tapferen Jungen, der uns Menschen das Feuer holt und der gegen das Unrecht auftritt, finden wir sympathisch. Wie steht es aber mit dem, der vorher dem Zeus geholfen hat, die gutmütigen Kyklopen um den Blitz zu betrügen? Da stand Prometheus noch ganz auf der Seite des Zeus, eines machthungrigen und skrupellosen Emporkömmlings. Interessanterweise haben wir einen solchen fragwürdigen Charakter auch in unserer germanischen Mythologie, und auch er hat mit dem Feuer zu tun. Ich meine Loki („Loge" bei Richard Wagner), den germanischen Feuergeist, der Wotan hilft, die Riesen zu betrügen, die ihm die Burg Walhall gebaut haben. Es ist fast dieselbe Szene wie im griechischen Prometheus-Mythos. Hier aber geht die Rechnung im Endeffekt nicht auf: Wotan verstrickt sich in seine Machenschaften, und zuletzt verbrennt alles im Feuer der „Götterdämmerung".

So, wie Prometheus nicht nur gut ist, ist Zeus nicht nur schlecht. Zumindest hat unser Pubertierender, der vordergründig im Zeichen des Prometheus steht, auch Zeus-Anteile in sich, und sie sind ebenso wichtig. Auch er will sich ja behaupten, herauskommen aus der Ohnmacht, den Vater absetzen, der seine Macht mißbraucht, wenn er die Kinder einfach auffrißt, um seine Ruhe zu haben. Und auch er will selber „Vater" werden und viele eigene Geschöpfe haben – genau wie Zeus. Ebenso aber trägt er alle Züge des mitfühlenden, weicheren, schwächeren und gerechteren Prometheus. Je mehr der Zeus-Anteil in ihm sich behauptet, desto mehr gerät der Prometheus-Anteil ins Hintertreffen, wird gedemütigt und leidet. Je mehr andererseits der mitfühlende und skrupelhafte Prometheus-Anteil gelebt wird, desto mehr bleibt der Junge oder das Mädchen seinen Zeus-Antrieben schuldig. Und wenn der Prometheus-Anteil sein Recht fordert und offensiv Rücksicht verlangt, dann wird er sich letzten Endes selber untreu und dem Zeus-Verhalten ähnlich.

Das ist das Problem jeder Revolte. Wer die eine Seite verabsolutiert, verfällt der anderen. Wer nur den Prometheus in sich leben lassen will, wird schließlich starr sein wie Zeus mit seiner lebensfeindlichen Einstellung. Ich denke an das Mädchen Antigone, das seine Menschlichkeit mit unmenschlicher Härte behaupten lernt. Oder an die traurige Geschichte von Ulrike Meinhof. Von den zwei Komplexen, die um das „Ich" des jungen Menschen streiten, kann dann der Zeus-Anteil die Oberhand gewinnen, und der Revolutionär ist zuletzt eher dem Tod verhaftet als dem Leben. Im Interesse der höchsten Ideale geht er über Leichen, und sei es die eigene. Ein pubertierender Junge hat, im Kleinen, dasselbe Problem. Er kann es sich nicht leisten, sich von seinen Meinungen und seinem „Lebenszweck" abbringen zu lassen. In Diskussionen zum Beispiel wird er hartnäckig und notwendig-uneinsichtig seinen Standpunkt vertreten, und zuletzt wird er so autoritär sein wie der verhaßte Tyrann. Und er ist zu klug, das nicht zu merken. Und das ist die eigentliche Schuld, das eigentliche Fegefeuer, das er sich selber verschafft hat. Eine unmögliche Lage. „Dieses Leben ist verkehrt und grauenhaft, nicht auszuhalten."

Kommen wir ein letztes Mal auf den dreizehnjährigen Dieb zurück. Ein junger Mensch im „Aufbruch" greift in seiner Not oft zu symbolischen Handlungen, die er nicht erklären kann, die oft in sich widersprüchlich sind und die er vielleicht nie verstehen wird, die aber doch einen verborgenen „Sinn" haben. Zuerst hatte der Junge sich den modischen Kurzhaarschnitt mit den bunten Farben zugelegt. Die bewußte Veränderung des Äußeren ist ein häufig versuchtes Mittel, innere Veränderungen zu bewältigen. Sie soll nicht nur die Eltern schrecken,

sondern drückt symbolisch eine innere Notwendigkeit für den Jungen aus. In uralten Initiationsriten
hat ein solches Verhalten seine Vorläufer. Die „In-
itiation" dieses Jungen wurde allerdings nicht von
den Eltern getragen, und er suchte Ersatz in einer
kommerzialisierten Jugend-„Kultur". Der demon-
strative Schritt reichte nicht aus. Der Weg des Jungen war vorgezeichnet: Abitur, Studium, Werden wie
der Vater. Vom Vater hat er allerdings nicht viel; als
mittlerer von drei Söhnen wird er sowieso leicht
übersehen, und Vater zieht sich meist in seinen
Olymp, in sein Physikinstitut zurück. „Prometheus"
versucht den Kompromiß: Er beginnt, sich für Physik zu interessieren, ganz ehrlich und eifrig, was ihm
den Weg zum Herzen des Vaters aber nicht öffnet.
Da wird die Physik des Jungen destruktiv, er baut
Knallkörper, und die Identifikation mit dem Vater
scheitert. Dessen Weg ist nicht der seine. Jetzt ergreift der Prometheus-Anteil Besitz von dem Jungen. In seiner Not und seinem Trotz beginnt er
seinen neuen, eigenen Weg mit einer bezeichnenden
Verneinung und stiehlt das Physikgerät aus der
Schule. Dieser Feuerraub sieht zunächst nur destruktiv aus, er zerstört dem Jungen seine „Zukunft", wie die Eltern sie sehen. Doch, so kann man
fragen, wäre er glücklich geworden in den Fußstap-
fen des Vaters, als dessen Abklatsch oder Marionet-
te? Wo wäre der Prometheus in ihm geblieben, der
wissen will, wie es zugeht in der Welt? Ich denke an
das unglückliche Gesicht, das er vor einem Jahr
gemacht hatte, in dem viel zu großen düsteren Mantel des Vaters. Und ist der Vater glücklich? Wenn
Vater einmal zu Hause in Erscheinung tritt, dann als
rigider Tyrann, der sich für nichts ernsthaft interes-

siert, auch nicht für seine Kinder. Auch die Mutter ist nicht glücklich, und sie hält sich an den Sohn, das Sorgenkind. Das Nest wird um so enger.

Doch es ist wenig gewonnen, wenn wir Sohn und Eltern nur verurteilen oder bedauern. Der Sohn ist es, der zu handeln begonnen hat. Es ist seine Tat, und sie führt ihn aus der familiären Misere – erst einmal – tatsächlich hinaus. Wie zum Zeichen tauscht er Vaters Physik gegen die schwarze Lederjacke als äußeres Signal einer neuen Identität. Und er gesellt sich zu den „Geschöpfen", die ihm gleichaltrig sind und nahestehen und für die in der Welt des Zeus kein Platz ist. Die Lederjacke verleiht ihm gleichzeitig das „dicke Fell", das ihm fehlt. Den Rest der Beute verteilt er uneigennützig an die Gruppe. Hat nicht auch Prometheus, der erwachende Mensch, das Feuer ganz uneigennützig geholt, nicht für sich, sondern für die anderen? Oft verteilen Kinder, die klauen, die Beute an ihre Freunde. Der Pubertierende hat immer auch noch eine Wir-Psychologie, und „das Alibi des Rebellen ist", so der französische Philosoph Camus, „immer die Liebe zu den Menschen".

Die Strafe wird nicht ausbleiben: Verlust des Privilegs, auf dem Gymnasium sein zu können, so wie Prometheus den Olymp verlassen muß und an die bittere Realität gefesselt wird. Darüber hinaus wird dem Jungen sicher noch viel zu schaffen machen, daß er zu weit gegangen ist, denn er ist sensibel für die Empfindungen seiner Eltern, und sein Diebstahl war eher Notwehr als Angriff – ein „bleicher Täter", der nicht auf der Höhe der eigenen Tat steht. Er erschrickt über die eigenen Möglichkeiten und schämt sich über die eigene Schwäche. Es ist nicht gesagt, daß es zwischen ihm und seinem Vater zu einem solchen Clinch kommen wird wie später zwischen Prometheus und Zeus. Denn was seinem Vater fehlt, ist die Leidenschaft, die den alten Zeus auszeichnet und mit der er Freund und Feind gleichermaßen nachstellt. Fast wirkt der Diebstahl des Jungen wie ein letzter Versuch, den gleichgültigen Vater endlich zu einer emotionalen Reaktion zu zwingen. Und eine solche Reaktion ist für ihn besonders wichtig, wenn er selber zum Mann werden soll.

Befreiungsschlag

Vielleicht geht es manchem Leser, der bis hier gekommen ist, wie mir: Unbehaglich und ermüdend ist die Geschichte, diese Verstrickung in innere und äußere Abhängigkeiten, dieses endlose komplizierte System von Scham und Schuld. Gut wäre ein Schlußstrich, ein Befreiungsschlag. Ein für allemal ein Ende damit, den Knoten zerschlagen! Ein „Held" müßte her, der den ganzen Kram auf den Schrotthaufen befördert und reinen Tisch macht, der den alten Drachen, der sich immer nur in den eigenen Schwanz beißt, in Stücke haut und die Zukunft öffnet.

Ein solcher neuer Wind weht im Prometheus-Gedicht von Goethe.

Bedecke deinen Himmel, Zeus,
Mit Wolkendunst
Und übe, dem Knaben gleich,
Der Disteln köpft,
An Eichen dich und Bergeshöhn!

Mußt mir meine Erde
Doch lassen stehn
Und meine Hütte, die du nicht gebaut,
Und meinen Herd,
Um dessen Glut
Du mich beneidest.

Ich kenne nichts Ärmeres
Unter der Sonn als euch, Götter!
Ihr nähret kümmerlich
Von Opfersteurn
Und Gebetshauch
Eure Majestät
Und darbtet, wären
Nicht Kinder und Bettler
Hoffnungsvolle Toren.

Da ich ein Kind war,
Nicht wußte, wo aus noch ein,
Kehrt ich mein verirrtes Auge
Zur Sonne, als wenn drüber wär
Ein Ohr, zu hören meine Klage,
Ein Herz wie meins,
Sich des Bedrängten zu erbarmen.

Wer half mir
Wider der Titanen Übermut?
Wer rettete vom Tode mich,
Von Sklaverei?
Hast du nicht alles selbst vollendet,
Heilig glühend Herz?
Und glühtest jung und gut,
Betrogen, Rettungsdank
Dem Schlafenden da droben?

Ich dich ehren? Wofür?
Hast du die Schmerzen gelindert
Je des Beladenen?
Hast du die Tränen gestillet
Je des Geängsteten?
Hat nicht mich zum Manne geschmiedet
Die allmächtige Zeit
Und das ewige Schicksal
Meine Herrn und deine?

Wähntest du etwa,
Ich sollte das Leben hassen,
In Wüsten fliehen,
Weil nicht alle
Blütenträume reiften?

Hier sitz ich, forme Menschen
Nach meinem Bilde,
Ein Geschlecht, das mir gleich sei,
Zu leiden, zu weinen,
Zu genießen und zu freuen sich,
Und dein nicht zu achten,
Wie ich!

Aufklärung und Fort-Schritt

Sehen wir uns das Gedicht genauer an: Es geht hier nicht um den griechischen Prometheus, sondern um eine Phantasie und Neuschöpfung Goethes. Dieser Prometheus ist nicht der Sohn des Japetos, sondern des Zeus und der Hera selber, ein Sohn aber, der sich trotzig von seinen Eltern abwendet.

Das Gedicht gehört zu einem unvollendeten Drama
Goethes, das mit den Worten beginnt:

Ich will nicht, sag es ihnen!
Und kurz und gut: Ich will nicht.

Das läßt der Sohn den Eltern ausrichten. Er will
nicht länger mit ihnen „auf dem Olymp" wohnen,
sondern unten auf der Erde, bei seinen geliebten
„Geschöpfen", den Menschen. Wir sehen ihn in
seiner Werkstatt, wie er sie aus Ton formt. Er sagt
seinem Vater gründlich die Meinung und gießt die
Schalen seines Spotts über ihn aus: „Opfersteuern,
Gebetshauch" heißt es da. Ohne die „Kinder und
Bettler, hoffnungsvolle Toren" müßten die göttlichen Parasiten verhungern. Von den Eltern, den
Göttern ist keine Hilfe, kein „Erbarmen" zu erwarten. „Ich dich ehren? Wofür?" Alles ist Betrug und
Neid des Alten auf das Neue. Dieser Prometheus ist
der Ur-Empörer, gleichzeitig der Ja-Sager zu seinem
Schicksal:

... zu leiden, zu weinen,
zu genießen und zu freuen sich.

Es ist ein Gedicht, dem man sich gar nicht entziehen kann, so viel spricht es in uns an. Und es spricht
nicht nur die individuelle Auflehnung eines Sohnes
aus. Es ist ein Urbild, ein Archetypus, der da
spricht, mit Kraft, Pathos und unwiderstehlichem
Schwung.
Goethe hat später aufgeschrieben, wie dieses Gedicht entstanden ist[6]. Das ist psychologisch aufschlußreich. Goethe wurde nämlich nach seinem

Bericht von diesem Archetypus ergriffen, als er selber in eine sehr kritische psychische Situation geraten war. Es ging dem damals 24jährigen jungen Dichter schlecht. Er schrieb gerade am „Werther", der bekanntlich mit dem Selbstmord endet. „Das gemeine Menschenschicksal, an welchem wir alle zu tragen haben", wurde ihm erdrückend bewußt, und gleichzeitig spürte er einen grenzenlosen Schaffensdrang in sich, für den er die Form noch suchte. „Prometheus" war sein ganz persönliches, existentielles Problem. Goethe zog sich zurück, suchte Einsamkeit, um sich selber zu finden.

Ich hatte jung genug gar oft erfahren, daß in den hilfsbedürftigsten Momenten uns zugerufen wird: Arzt, hilf dir selber! Und wie oft hatte ich nicht schmerzlich aufseufzen müssen: Ich trete die Kelter allein!

In dieser Krisenzeit träumte Goethe viel, und die Wirklichkeitsebenen von Tag und Traum verwischten sich.

Was ich wachend am Tage gewahr wurde, bildete sich sogar öfters nachts in regelmäßigen Träumen, und wie ich die Augen auftat, erschien mir entweder ein wunderliches neues Ganze oder der Teil eines schon vorhandenen.

So entstand der „Prometheus", in einer Art aktiver/passiver Imagination. Es waren innere Erfahrungen und Entwicklungsmöglichkeiten, die aus der Tiefe des Unbewußten in Gestalt von Bildern aufstiegen.

Die Fabel des Prometheus ward in mir lebendig,
Das alte Titanengewand schnitt ich nach meinem
Wuchse zu.

Und es gab ihm neue Energie, zuerst sehr
schwungvoll in die andere Richtung, in einen
Rausch der eigenen Kraft. Wenn wir uns das Gedicht
einmal laut vorlesen, mag sich uns etwas von diesem
Kraftrausch mitteilen. Für Goethe bedeutete es den
Durchbruch zu seiner schöpferischen Identität, einen Neuanfang in seinem Leben.

Das tolle Gedicht hat unter den Zeitgenossen ge-
wirkt wie eine „Brandrakete". Goethe nannte es
später eine „Jugendsünde" und argwöhnte, „es käme unserer revolutionären Jugend als Evangelium
recht willkommen". Man hat es als Abrechnung mit
der Feudalherrschaft gelesen, sechzehn Jahre vor
der Französischen Revolution, in der dann die Köpfe
rollten, und als Absage an christliche Glaubensvor-
stellungen. Von „Betrug" ist da die Rede und davon,
daß „die allmächtige Zeit und das ewige Schicksal"
auch über diesem Gott stünden. Es sind weitreichende Gedanken, auf die sich später Nietzsche und
die Existentialisten bezogen. Der Mensch als Herr
der Erde, als sein eigener Gott, wenigstens bis zum
Tod.

Der „Titan" Beethoven, der Goethe bewunderte,
schrieb eine Musik „Die Geschöpfe des Prometheus", deren schwungvolles Schlußthema er in seiner dritten Symphonie, der „Eroika", wieder auf-
nahm. Der revolutionären Kraft dieser Musik kann
man sich kaum entziehen. Das Rauschhafte ist cha-
rakteristisch für die revolutionären Bewegungen geworden und für den Fortschrittsglauben, der alsbald

die Erfindung von Dampfmaschine, Eisenbahn, Telegraph, Glühbirne, Benzinmotor oder Radio begleitete. Die Welt wurde Eigentum des Menschen, der sie mit seinen „Geschöpfen" bevölkerte. Nur für sie interessierte sich schon Goethes Prometheus in dem Dramenfragment:

> *Der Kreis, den meine Wirksamkeit erfüllt!*
> *Nichts drunter und nichts drüber! –*
> *Was haben diese Sterne droben*
> *Für ein Recht an mich,*
> *Daß sie mich begaffen?…*
> *Hier meine Welt, mein All!*

Und Goethes Freund Schiller entwarf den neuen Menschen so:

> *Er soll nicht bloß, wie die übrigen Sinnenwesen,*
> *die Strahlen fremder Vernunft zurückwerfen,*
> *wenn es gleich die göttliche wäre,*
> *sondern er soll,*
> *gleich einem Sonnenkörper,*
> *von seinem eigenen Lichte glänzen*[7].

Der Archetyp, das Symbol des revolutionären Lichtbringers lag damals in der Luft, es war „konstelliert". Prometheus war Symbol der „Aufklärung", die das finstere, abergläubische Mittelalter mit den von der Kirche betriebenen Hexenverbrennungen und der Inquisition ablöste, der Aufbruch des Menschen aus der „selbstverschuldeten Unmündigkeit", wie Kant sagte, und ein großes Aufatmen. Bei den Umzügen, in denen sich die Französische Revolution von 1789 selber feierte, führten die Menschen das Bild des Prometheus auf Triumphwagen mit sich durch die Straßen von Paris, mit erhobener Fackel, zum Zeichen des neuen, helleren Zeitalters der Vernunft. Die phrygische Mütze, die schon der antike Prometheus getragen hatte, wurde als „Jakobinermütze" zum Emblem der neuen Republik und ist heute noch im Wappen Frankreichs. In derselben Zeit machten sich die Vereinigten Staaten von Amerika selbständig und schufen die Charta der Menschenrechte. Die Freiheitsstatue in New York mit der erhobenen Fackel ist ein weiblicher Prometheus. Prometheus schmückte jetzt Fabriktore und Universitäten. Und er wurde zum Idol der neuen Industrie. Dampflokomotiven trugen seinen Namen ebenso wie Nähmaschinen oder Filmgesellschaften. Eine enorme Geschäftigkeit begann in seinem Namen. Immer noch steht er für den Geist des Fortschritts und der Völkerverständigung; alle vier Jahre entzündet er als Fackelläufer das Olympische Feuer.

Allerdings, viel Charakter zeigt er dabei nicht: Auch 1936 in Berlin war er dabei, und noch heute schmückt er die faschistische Architektur des Berliner Olympiastadions. Auf der anderen Seite der Mauer, im Treptower Volkspark, schwingt er seine Fackel für den Sozialismus. In Moskau finden wir ihn im „Palast der Sowjetischen Atomindustrie", zu der auch Tschernobyl gehört. Ein zwiespältiges Symbol. Dieser Prometheus scheint der Mythos unserer Zeit zu sein, wir leben ihn, ohne uns dessen bewußt zu sein. Man identifiziert sich immer nur mit der einen, der glänzenden Seite. Vielleicht ist das notwendig, um einen neuen Schritt tun zu können. Aber ausreichend ist es nicht. Heute sind wir an die Kehrseite des Fort-Schritts gefesselt: Wir finden nicht mehr zurück.

Um noch einmal auf Goethe zurückzukommen: Der trotzige Aufrührer blieb nicht sein letztes Wort. 1807 begann er ein Drama „Pandora", in dem Epimetheus, der dumme Bruder des Handwerkers Prometheus, auf die entschwundene Pandora wartet, die ihm wieder davongelaufen ist. Sie soll die Versöhnung bringen. Goethe hat dies Stück, das ihm sehr wichtig war, leider nicht zu Ende gebracht. Es heißt darin:

Merke:
Was zu wünschen ist, ihr unten fühlt es;
Was zu geben sei, die wissens droben.
Groß beginnet ihr Titanen; aber leiten
Zu dem ewig Guten, ewig Schönen
Ist der Götter Werk; die laßt gewähren!

Licht und Schatten

An dieser Stelle möchte ich etwas zur Symbolik des Feuers sagen und zu dem Bild zurückkehren, mit dem dieser erste Teil unserer „Deutung" begonnen hat, zu den im Dunkel kauernden Menschen.

Denken wir uns Menschen der Frühzeit, zum Beispiel in einer Zwischeneiszeit, vor 20 000 Jahren, irgendwo in Europa. Sie leben von Wurzeln und Blättern, die sie sammeln oder mühsam aus der Erde kratzen. Sie fangen kleine Tiere und essen deren Fleisch. Selten gelingt es, in einer Erdgrube ein junges Mammut zu fangen und zu töten. (Auf diese Art haben übrigens die Urmenschen das Mammut ausgerottet, indem sie den Nachwuchs wegfingen. Es ist die erste Tierart, die der Mensch auf dem

Gewissen hat.) Diese Menschen sind uns heutigen ganz unähnlich, behaart, wild, halbe Raubtiere. Stellen wir sie uns vor, wie sie in ihrem kalten und feuchten Unterschlupf mit viel Mühe und klammen Fingern ein Feuer gemacht haben. Die Entzündung eines Feuers war immer ein großes Ereignis, eine heilige Handlung, die von allen mit Scheu betrachtet wurde. Dann sitzen sie im Eingang ihrer Höhle um das Feuer herum. Jeder von uns kennt aus eigener Anschauung die wunderbare Wirkung eines offenen Feuers. Wir schauen in die Flammen, spüren ihre Wärme, sehen die verschiedenen Farben. Wir setzen uns möglichst nahe, weil die Kälte von hinten kommt, aber auch nicht zu nahe, weil es sonst brennt. Ganz unbeschreiblich ist das Spiel der Formen. Das Feuer scheint zu leben. Lange Zeit haben die Menschen im Feuer wirklich etwas Lebendes gesehen: etwas wie kleine Wesen, die da hin und her huschen, mal still sitzen und vor sich hin brennen, mal wild aufbrausen und mal lustig flackern. Die Alchimisten des Mittelalters glaubten, einen phantastischen „Feuersalamander" mitten in der heißesten Glut sitzen zu sehen, und noch 1766 schrieb ein Naturforscher von den „Glühwürmchen", die man im Feuer sehen kann, wenn man durch ein Mikroskop blickt: „Beim geringsten Vorkommnis sieht man die Ameisen in aufgeregtem Gewimmel aus ihrem unterirdischen Bau hervorkrabbeln: ebenso sieht man bei der kleinsten Erschütterung eines Phosphors die Feuertierchen zusammenströmen und als feines Leuchten ans Tageslicht treten."[8] So poetisch hat die Naturwissenschaft begonnen!

In der Glut kann man kochen, in der Hitze braten. Die Faszination des Feuers rührt aber noch Tieferes in uns an als die bloße Nützlichkeit. Die Urmenschen sehen also in die Flammen. Sie sind versammelt um das Feuer, nicht so wie zur Jagd draußen, sondern innen, beim Braten und Essen, gewissermaßen am Feierabend. Sie haben Zeit. Anthropologen sind der Auffassung, daß die Menschen das Sprechen erlernt haben, als sie sich so um ihr gemeinsames Feuer versammelten, jeden Abend, und Muße fanden, sich auszutauschen. Ein Feuer ist etwas Anregendes und Geselliges. Wir lernen am offenen Feuer vielleicht eher das Schweigen. Träumerei am Kamin: „Wenn man die Ellbogen auf die Knie aufstützt und den Kopf in die Hände legt. Diese Haltung ist uralt. Das Kind nimmt sie am Feuer ganz von selbst ein. Und nicht umsonst ist sie die Haltung des Denkers. Sie beinhaltet eine ganz besondere Aufmerksamkeit ... am Feuer muß man sich hinsetzen, muß man sich ausruhen, ohne einzuschlafen."[9] Die Träumerei am Kamin hat daher viel mit der Meditation gemeinsam. Man träumt und ist doch wach, konzentriert sich auf das flackernde Feuer, in das man blickt, und sieht so nach innen, in sich hinein.

Feuer fasziniert, nimmt in den Bann, entführt in andere Räume. Es hat etwas Transzendentes, Hinüberführendes aus dem Alltag in das Besondere und Umfassende. Es verbindet mit dem, was die Menschen immer als göttlich bezeichnet haben. Ein wild und hell auflodernndes Feuer aus trockenem Holz, das hoch aufgeschichtet ist, ist wie ein Rausch, eine befreiende Gewalt, wenn es prasselt und kracht und die Funken stieben. Eine Bewegung, die mit Sexualität zu tun hat, von der schon die Rede war.

Stellen wir uns jetzt vor, wie die Urmenschen um ein solches Feuer tanzen. Gespensterhaft und riesengroß zucken und wandern ihre Schatten hinter ihnen auf den Felswänden. Die Szene hat etwas Dämonisches. Denn in dem lange erwarteten Moment, wo vorne das Feuer hell aufprasselt, entsteht hinter den Menschen, auf der buckeligen Felswand, ein riesiger, vielarmiger dunkler Bruder, der sich wild bewegt, ebenso willkürlich wie die Flammen vorne. Wir wissen es: Mit dem Licht entsteht Schatten. Stellen wir uns aber das Entsetzen der Urmenschen vor: Da ist plötzlich einer, der vorher nicht da war! Ganz klar, daß sie mit Panik und Entsetzen reagierten. Wegrennen ist erst einmal das Sicherste – doch der schwarze Mann läuft hinterher oder sogar voraus, je nachdem. Versuchen wir uns vorzustellen, wie irgendwann später einer unserer Altvorderen, einer von besonderem Mut oder von besonderem Leichtsinn, neugierig auf das schwarze, zuckende, schweigende Ungetüm an der Felswand zutritt. Zum ersten Mal. Es wird kleiner, je näher er der Wand kommt, es schrumpft zusehends auf ganz menschliche Dimensionen. Als er die Hand ausstreckt, um es zu berühren, da bewegt sich der Schatten genau wie er selbst, und auf dem Felsen berühren sich zuletzt die Hand des Menschen und sein Schatten.

Was liegt näher, als jetzt ein Stück Kohle oder Kreide aufzuheben und den Schattenriß zu umfahren? Es entsteht das erste Bildnis eines Menschen, das erste Selbstbildnis. Die Zeichnung bleibt, auch wenn der Mensch weggeht oder das Feuer verlöscht. Der Mensch erkennt sich selbst, indem er seinen Schatten nachzeichnet.

So etwas ist vielleicht in den Höhlen der Frühmenschen tatsächlich geschehen. Für uns Heutige ist es ein Symbol: Wir tragen unseren Schatten in uns und können ihm nicht davonlaufen. In uns müssen wir unseren Schatten ansehen und ihm die Hand reichen. Und je mehr wir auf ihn zugehen, desto kleiner wird er. Zuletzt ist er nicht mehr riesengroß und bedrohlich, sondern nur noch – genauso groß wie wir selbst.

Der Frühmensch lebte noch ganz nach außen, wie ein Tier, immer wachsam, suchend, findend, und anfangs genauso unbewußt wie ein Tier, das sich ja (vermutlich) nicht allzuviel Gedanken macht. Der Besitz des Feuers hat daran, wie man erschließen kann, einiges geändert. Manche Forscher machen den Schritt vom Tier zum Menschen geradezu daran fest, ob sich bei Höhlenfunden Spuren von Feuer nachweisen lassen. Dann erst könne man von „Menschen" sprechen.

Das Feuer ist dementsprechend ein Symbol von nicht abschätzbarer Tragweite. Es steht für Wärme, Nahrung, Schutz, Lebenskraft, Bewußtwerdung, neue Ideen, Fortschritt, Geist, Religion. Es ist Element der göttlichen Energie, „schöner Götterfunken" ebenso wie Fegefeuer und teuflische Qual. Pfingsten, Ostern, Weihnachten sind mit dem Feuer verbunden, aber auch Krieg und Zerstörung. Feuer ist das Element der Wandlung, es zerstört die Form und setzt die Energie der Stoffe frei. Und „unter allen Phänomenen ist das Feuer wahrhaft das einzige, dem mit der gleichen Bestimmtheit die beiden entgegengesetzten Wertungen zugesprochen werden können: das Gute und das Böse. Es glänzt im Paradies. Es brennt in der Hölle. Es ist Milde und Qual. Es ist Küche und Apokalypse."[10]

Mit dem Feuer hat uns Prometheus auch dessen

Schatten herabgeholt. Töricht wäre es, die Kerze auszublasen, weil der Schatten stört. „Man kann seinen Schatten nicht vergraben", heißt es in Indien, und das gilt für den persönlichen Schatten ebenso wie für den kollektiven. Dabei ist ein Unterschied zwischen dem natürlichen Schatten bei Sonnenlicht und dem „selbstgemachten" durch ein Feuer. Der Schatten, den wir der Sonne verdanken, verschwindet abends im Dunkel der Nacht. Nachts verschmelzen alle Schatten zu einem großen Dunkel, und mit dem Schatten verschwimmt auch das Ich. Erst bei Sonnenaufgang nimmt auch der Schatten wieder Gestalt an. Je größer das „Ich", desto größer der Schatten, den ich werfe. Er ist ein ganz privater, den ich mit niemandem zu teilen brauche.

Der Schatten aber, den wir selber produzieren, indem wir Feuer anmachen, ist unabhängig vom Stand der Sonne. Er hat mit dem Sonnenschatten nur gemeinsam, daß er wächst, wenn die Lichtquelle kleiner wird, wenn die Sonne untergeht oder das Feuer zusammensinkt. Umgekehrt erscheint ein helles Feuer als ein Mittel, den Schatten möglichst klein zu halten. Eine Versuchung für Brandstifter. Die technischen Möglichkeiten, unseren Schatten gar endgültig auszulöschen, haben wir längst. Wir haben sie unseren Militärs anvertraut.

Wie der Mythos weitergeht
Pandora

Zeus sann auf Rache: Rache an den Menschen und an Prometheus. Zunächst ließ er – so Hesiod – vom Schmiedegott Hephaistos die erste Frau herstellen, ein wunderbares Wesen, das die anderen Götter mit allen erdenklichen Vorzügen beschenkten. Es ist eine Falle:

„... da geb' ich ein Übel,
dessen sich alle sollen erfreuen
und liebend umarmen ihr eignes Verderben!"
Also sprach und auflachte
der Vater der Menschen und Götter.

So wie Prometheus den Zeus beim Opfer betrügen wollte und wie er versteckt das segensreiche Feuer auf die Erde mitnahm, so bekam Pandora im Gegenzug eine üble Gabe mit hinab: ein Gefäß als Mitgift, in dem Krankheit, Tod, Sorge, Mühsal, Unglück enthalten waren. Es ist die sprichwörtliche „Büchse der Pandora". „Pandora" heißt: die „Allbeschenkte" oder „Die alles schenkt". Prometheus (Vor-Bedacht) ahnte nichts Gutes und riet dazu, Pandora nicht aufzunehmen. Epimetheus („Nach-Bedacht"), der Bruder des Prometheus, aber nimmt sie auf und heiratet sie; sie werden das erste menschliche Ehepaar. Pandora öffnet den Deckel ihrer Mitgift, die Übel fliegen heraus und verbreiten sich in Windeseile unter die Menschen. Seitdem gibt es Krankheit und Tod, nur nicht die Hoffnung auf Besserung:

Einzig die Hoffnung blieb
in dem festen Behälter,
unter der Mündung noch im Gefäß
und konnte heraus nicht flattern,
da jene zuvor dem Gefäße
den Deckel noch aufdrückt.

Dazu gleich eine Bemerkung: Ich habe mich immer gefragt, wie die Hoffnung, als etwas Gutes, überhaupt in den Topf mit hineingeraten ist. Die Antwort darauf wird uns noch beschäftigen; wir haben hier nämlich ein Einsprengsel eines viel älteren, matriarchalen Mythos vor uns, das Hesiod in seinem Geist zur frauenfeindlichen Fabel umgeformt hat. „Pandora", „Die alles schenkt", war ein Name der Großen Muttergöttin. Ursprünglich, vor Zeus, brachte sie in ihrem Gefäß vielleicht nicht nur schlechte Gaben, sondern wenigstens eine gesunde Mischung. Wir werden davon hören.

Prometheus – gefesselt

Prometheus wird mit eisernen Fesseln an den Kaukasus geschmiedet, das Gebirge, das die Welt der Griechen im Osten begrenzt. Zwischen Himmel und Erde hängend, wird er so zum Gegenstück seines Bruders Atlas, der am westlichen Ende der Welt steht und mit unsäglicher Mühe Himmel und Erde auseinanderstemmen muß. Die Fesselung des Prometheus wird Hephaistos übertragen, dem Schmied, der diesen Auftrag nur ungern erledigt (Prometheus ist ja ein Gott wie er), und den Gehilfen Kratos und Bias („Zwang" und „Gewalt").

Unwillig ich wie du, mit unlösbarem Erz
Festnagl' ich dich an diesen menschenfernen Fels,
Wo keines Sterblichen
Stimme noch Gestalt du wirst
Gewahren, doch von heller Sonnenglut verbrannt
Des Leibes Farbe wechseln.
Hocherwünscht die Nacht
Im Sternenmantel wird verhüllen dir das Licht,
Und wieder dann die Sonne tauen den Morgenreif,
Und jeweils wird dich placken die vorhandne Not,
Denn der dich löse, nicht geboren ist er noch.
Das sind die Früchte
deiner Menschenfreundlichkeit!
...
Nicht leicht zu wenden ist das Herz des Zeus,
Und hart ist jeder, der sich neu die Macht errang.

Bei Aischylos, 200 Jahre nach Hesiod, ist Prometheus der Kulturbringer der Menschen schlechthin. Ihm verdanken sie, daß sie von der tierischen Lebensweise zur menschlichen Kultur gefunden haben. Er hat sie nicht nur das Opfermahl gelehrt, sondern auch Sternenkunde, Seefahrt, Heilkunde, Horoskop, Handwerk, Hausbau und das Graben nach den Schätzen der Erde:

... also wies ich den Sterblichen
nicht leicht zu findende Wege, öffnete ihr Aug'
für Feuers Zeichen, ihnen ungesehen zuvor ...

Mit einem Wort erfahre alles in eins gefaßt:
Was Menschen wissen,
von Prometheus haben sie's.

Anders als Hesiod schildert Aischylos auch die Dauer der Bestrafung des Prometheus. Bei Hesiod ist von der „ewigen Strafe" die Rede, die kein Ende kennt, während Aischylos von „30 000 Jahren" spricht, nach denen Prometheus unter bestimmten Bedingungen erlöst werden kann. Der gefesselte Prometheus klagt:

Seht an, was ich von Göttern leide, selbst ein Gott!
. . .
Derlei hat der Seligen neuer Herr
Wider mich erdacht, der Ketten Schmach.
O weh! Das jetzige, das künftige Leid
Macht mich gleichermaßen stöhnen.
Wie soll für mich jemals
ein Ende dieser Pein kommen?
Indes was red ich? Weiß ich doch alles voraus,
genau was sein wird, und nicht unerwartet kann
ein Schmerz mich treffen.
Das verhängte Teil jedoch
Muß man so leicht als möglich tragen,
da man weiß:
Zu streiten ist nicht gegen die Notwendigkeit.
Und doch: zu schweigen,
nicht zu schweigen über dies
Geschick: unmöglich ist mir beides.

Die nächste Etappe der Strafe, die Zeus beschlossen hat und Hermes, der Götterbote, dem Prometheus verkündet, ist eine Zehntausende Jahre dauernde Versenkung hinab in den Felsen. Wie in ein „Grab aus Stein" wird Prometheus hinabfahren ins ewige Dunkel:

. . . Diese Felsenschlucht
mit Donner und des Blitzes Flamme wird zuerst
Der Vater spalten, in die Tiefe deinen Leib
Versenken, steinerne Arme schließen sich um dich,
und erst wenn lange, lange Zeit du hingebracht,

wirst du zu Tage wieder kommen. Aber Zeus'
Geflügelter Hund, der blutig-braune Adler wird
voll Gier zerfleischen deines Leibes
großes Trümmerfeld,
Als Ungeladner Gast von Tag zu Tag
Ausweiden deiner schwarzbenagten Leber Rest.

Und nicht erhoffe solchen Leidens Ende dir:
Eh' nicht als deiner Qual Vertreter dir ein Gott
Erscheint, bereit hinabzusteigen in die Nacht
Des Hades, in die dunkle Kluft des Tartaros!

Erst nach dieser langen Zeit der Versenkung in
den Stein also wird der Adler erscheinen und der
Strafe eine neue grausame Verschärfung hinzufü-
gen. Dann aber, so heißt es, sei eine Erlösung vom
Leiden möglich, wenn sich ein anderer Gott für
Prometheus zum Opfer anbietet und stellvertretend
in die Totenwelt hinabsteigt. Wer sollte das sein?
Eine unmögliche, zynische Bedingung. Und Zeus
nennt noch eine zweite Forderung. Sie macht die
Strafe zur Folter, die eine Aussage erzwingen soll.
Zeus, wie wir gesehen haben, hat Angst vor möglichen Feinden und davor, selbst einmal von einem
Stärkeren abgesetzt zu werden. Prometheus aber
hat von der Göttin Themis oder Gäa, die hier als
seine Mutter bezeichnet wird, erfahren, wer einmal
die Herrschaft des Zeus gewaltsam beenden wird.
Ein ungeheures Geheimnis, das Zeus ihm mit allen

Mitteln entreißen will. Prometheus aber schweigt trotzig und überlegen:

Ich aber will ausschöpfen, das mich traf, das Los,
Bis daß des Zeus Denken
von der Wut genesen ist...
Denn dies Geheimnis, wahr' ich es,
Schafft mir Erlösung
aus der Ketten Schmach und Qual.

Das ist ein ganz neuer, eigenartiger Akzent in der Geschichte: Der Feuerräuber weiß mehr als der Göttervater Zeus! Prometheus macht nur die Andeutung: Es wird ein Sohn des Zeus selbst sein – aus einer seiner zahllosen Verbindungen mit Menschenfrauen und Göttinnen. Und er leidet jeden Tag, an dem der Adler über ihn herfällt, zehntausend Jahre lang, und erholt sich nachts wieder, wenn die Leber nachwächst – zu neuem Fraß für den Vogel des Zeus.

Die Erlösung

Nach langer, langer Zeit, eines Morgens bei Sonnenaufgang, kam Herakles auf seinen Streifzügen auch zum Kaukasus· Herakles, der geliebte „Menschensohn" des Zeus und der schönen Alkmene. Herakles sieht den gefesselten Mann, sieht den hungrig kreisenden Adler, legt einen Pfeil auf den Bogen und schießt kurzerhand den Vogel herab. Der schnellentschlossene Held, der schon ganz andere Ungeheuer besiegt hatte, zögert aber, den gefesselten Mann loszumachen. Die Bedingungen des Zeus müssen erfüllt sein: Erstens muß Prometheus dem

Zeus sein Geheimnis verraten, und zweitens muß ein anderer Gott an Prometheus Statt in den Hades gehen. Ein Gott, der sterben will? Es findet sich tatsächlich einer, der dazu bereit ist, ja sich danach sehnt: der Kentaur Chiron, halb Pferd, halb Mensch, Sohn des Ixion.

Chiron, der Pferdemensch

Er ist, neben Prometheus, einer der größten Wohltäter der Menschheit und ein Lehrer der Götter. In seiner Höhle hatte er Apoll, den Sohn des Zeus, und später dessen Sohn Asklepios erzogen. Aber Chiron hatte Schmerzen. Herakles hatte ihn, ausgerechnet ihn, versehentlich einmal mit einem Pfeil ins Knie getroffen. Diese Wunde heilte nicht, denn der Pfeil war mit dem Gift der Lernäischen Schlange getränkt gewesen. Chiron versuchte sich zu helfen in seiner Not: So erfand er den Gebrauch schmerzstillender Pflanzen und entdeckte den „heilenden Schlaf". Er ist der Schöpfer der Medizin; sein Schüler Asklepios wurde der erste Arzt. Chiron aber konnte die eigenen unstillbaren Schmerzen nicht besiegen, mit seiner immer wieder aufbrechenden Wunde verkroch er sich unglücklich im Schatten seiner Höhle, bereit zu sterben. Er ging, unsterblich, in den Hades hinab, um dem ersehnten Tod wenigstens näher zu sein und um sich für Prometheus zu opfern. Eine ergreifende Gestalt, die vieles wunderbar vereint: die vitale Kraft des Pferdes, den Verstand des Menschen und eine Kraft des Gefühls, die im Leiden eher noch zunimmt. „Ein Gott, bereit hinabzusteigen in die Nacht des Hades, in die dunkle Kluft des Tartaros." Wer denkt da nicht an Christus?

Prometheus verrät Zeus nun, aus welcher seiner Liebschaften der gefürchtete Konkurrent entstehen soll: Es werde – so die Prophezeiung der Themis – ein Kind von Zeus und der Meergöttin Thetis sein. Thetis, von verführerischer Schönheit, ist eine Erscheinungsform der Großen Mutter selbst. Nicht nur Zeus, auch Poseidon war in sie verliebt. Zeus verzichtet jetzt einmal auf das Beilager mit einer begehrten Frau; er arrangiert statt dessen, sicherheitshalber, eine Verheiratung der Göttin Thetis mit einem sterblichen Menschen: dem Peleus. Es ist wie eine bewußte Kränkung der Muttergöttin. Bei der Hochzeit ist der soeben befreite Prometheus der Ehrengast.

Damit ist die Geschichte von Prometheus eigentlich zu Ende. Aufschlußreich ist jedoch, welche Folgen diese Hochzeit haben sollte, und daher möchte ich das noch als Nachspiel erzählen:

Thetis wehrt sich mit allen Mitteln. Sie wechselt Farbe und Gestalt, erscheint zuletzt als schleimiger Tintenfisch. In dieser Gestalt wird sie von Peleus geschwängert. Sie bekommt einen Sohn, dessen Ruhm alles in den Schatten stellen wird, einen großen Krieger, die „Blüte des Griechentums“, nachgiebig und warmherzig gegenüber den Unterlegenen, aber auch „rasend in seinem Zorn“. Ein „Scheusal“, wie er von Christa Wolf genannt wird, war er im antiken Verständnis in keinem Fall. Aber er war nur ein Halbgott, tödlich verwundbar an der Ferse: Achill. „Achill“ heißt „der nicht Gestillte“, weil seine Mutter ihn, anstatt ihn zu stillen, ins Feuer hielt, um ihn unsterblich zu machen. Nicht auszudenken, wenn er unsterblich, ein Gott gewesen wäre! Zeus hätte ihn mit Recht gefürchtet! Sein späteres Schicksal vor Troja, ja das ganze ungeheure Drama des Trojanischen Krieges nahm bei jener Hochzeit seinen Anfang. Hier war es nämlich, als Eris, die Göttin des Streites, den goldenen Apfel für die Schönste unter die Gäste warf. Die Göttinnen begannen sich zu streiten. Im Trojanischen Krieg ging die Spaltung, die Parteiung dann mitten durchs Lager der olympischen Götter. Er endete mit dem Sieg der patriarchalen Religion des Zeus: Troja, die uralte Festung der Muttergottheiten Asiens, wurde zerstört.

Aus der Spätantike, die die Erlösung des Prometheus nicht mehr verstand, gibt es übrigens noch die Auffassung, er habe einen eisernen Ring tragen müssen, in den ein Steinchen vom Kaukasus eingefaßt war – zum Zeichen dessen, daß er sich „eigentlich" immer noch als Gefesselter zu betrachten habe.

Zweiter Teil

Wandlung

In diesem zweiten Teil unserer Deutung geht es um das Leiden des Prometheus und die Frage nach dessen Sinn. Es ist die „Krankengeschichte", die dem ersten Aufbruch, dem Raub des Feuers, folgt. Im Blickpunkt steht jetzt der gefesselte Titan, der oben am Kaukasus auf den Adler wartet. Es heißt bei Aischylos, daß das Leiden des Prometheus einen „Sinn" hat, nämlich den der Veränderung. Es ist eine Folter, die im Auftrag des Zeus, des neuen Diktators, einen Gesinnungswandel, eine Einstellungsänderung des Prometheus bewirken soll.

Leicht ist es nicht, darin den „Sinn" zu finden. Die Strafe ist zu grausam. Deuten wir die Qualen des Prometheus als „Krankheit": Daß eine schlimme Krankheit eine „Folter" sein kann, wird mancher von uns wissen, doch in ihr einen höheren Willen sehen zu können – zum Nutzen und Frommen oder auch zum Verderben des Unglücklichen –, das ist wenigen möglich. Was aber bleibt? Wer den Menschen dem Schicksal entzieht, liefert ihn dem Zufall aus, sagt Camus. Damit sind wir bei Kierkegaard angekommen: unter uns ein bodenloser Abgrund. Darum geht es nun, um die Betrachtung dieses Abgrunds im Bilde des gefesselten Prometheus. Er hängt selbst-verschuldet – über dem Bodenlosen, er muß sich mit seiner Tat auseinandersetzen. Das ist auch der moderne Prometheus, der sich besinnen soll am Abgrund der ökologischen Katastrophe, an den er die ganze Welt gebracht hat. Wenn ich diesen Teil mit „Wandlung" überschreibe, ist das ein Programm, kein Versprechen. Ich empfinde das „glückliche Ende" des griechischen Prometheus-Mythos als offene Frage.

Ich bin auch gar nicht davon überzeugt, daß jede Krankheit immer einen letzten „Sinn" hat. Der Prometheus des Hesiod leidet ja auch an seinem Felsen, ohne daß ein Sinn zu greifen wäre, sonst müßte er nicht auf ewig so am Kaukasus stehen. Ein Zustand, der sich nicht ändert, hat aber keinen „Sinn", ebensowenig wie ein Leiden, das nichts verändert. Bei Aischylos hat das Leiden eine Veränderung zur Folge: Es stellt sich heraus, daß Prometheus in seinem Wissen dem Zeus überlegen ist, und Zeus versucht ihm dieses Wissen mit Gewalt zu entreißen. Schließlich überdenkt er sein Verhalten gegenüber dem anderen Geschlecht, in gewisser Weise. Prometheus macht einiges durch, und auch er ist nachher ein anderer als vorher. Wir werden sehen, inwieweit uns die Lösung des griechischen Mythos befriedigen kann.

Es ist ein großer Unterschied, ob man Krankheit als Strafe auffaßt, die es zu ertragen gilt, oder als Folter, die etwas bewirken soll. Beiden Auffassungen gemeinsam aber ist die Unterwerfung eines Schwächeren durch einen Stärkeren. Am Apollotempel in Delphi stand: „Erkenne dich selbst." Aus dem Munde eines Gottes an den Menschen gerichtet, ist diese Aufforderung, wie Nietzsche[11] bemerkt, „beinahe eine Bosheit".

Die Leiden des Prometheus

Es ist ein uraltes Bild unserer Existenz: Der Mensch, gefesselt an die Erde, blickt zum Himmel. Dem Bild ist eigentlich nichts hinzuzufügen.

Der griechische Mythos macht eine Geschichte daraus: Die Fesselung an die Erde ist Strafe für einen Frevel. Der Mensch hat sich mit dem göttlichen Feuer ein Stück Bewußtsein seiner Situation verschafft, das er eigentlich nicht haben sollte. Jetzt weiß er, wie es um ihn steht, und der Blick zum Himmel gilt dem, der ihn quält.

Doch es ist keine resignative Geschichte, die der griechische Mythos daraus macht, sondern ein überdimensionales und tiefsinniges Drama.

Prometheus, der Feuerräuber, erfährt, was „der Schatten" ist. Zunächst wird er an den Kaukasus geschmiedet, ein Gebirge am Ende der Welt. Es widerfährt ihm das genaue Gegenteil seiner Existenz vorher. Für den agilen, wendigen Schlaukopf, der so geschickt die Fronten wechseln und zwischen ihnen vermitteln konnte und der so mühelos den Abstand zwischen Erde und Himmel überwand, kann es kaum etwas Böseres geben, als gefesselt zu sein, an einer Stelle fixiert, unbeweglich auf Dauer und in der Mitte zwischen Himmel und Erde. Der Menschenfreund ist in eine menschenferne Einsamkeit versetzt, wo ihn keine Hilfe und kein menschliches Wort erreichen kann. Er hatte sich überhoben, hatte sich mit dem obersten Gott gemessen, und nun muß er, wie zum Ausgleich, so weit hinunter wie möglich. Nach der „Inflation" kommt die Ernüchterung, nach dem Griff nach dem göttlichen Feuer die Fesselung an die Erde, so wie nach einem

Alkoholrausch der Kater. Es ist das alte Gesetz vom Spiel der Gegensätze, das Zeus hier in Gang hält. Hoch steht immer auf tief. Eine höhere Gewalt – hier der Zeus-Aspekt – stellt unbarmherzig das Gleichgewicht wieder her.

Soweit können wir die Geschichte vielleicht nachvollziehen. Es kommt ja immer wieder vor, daß wir uns übernommen haben und daß dann eine „höhere Gewalt", oft eine Krankheit, uns auf den Boden der Realität zurückholt, gewaltsam und unter Durchkreuzung aller unserer Pläne. Was im Mythos „Zeus" heißt, ist dann im Leben eine Grippe, ein weher Zahn, ein Beinbruch oder auch ein Herzinfarkt. Manchmal folgen solche Krankheiten auch einer „inneren Logik", vor allem wenn eine körperliche Erkrankung auf eine ungenügende, einseitige Bewußtseins-Einstellung aufmerksam macht. Die Grippe oder etwas Schlimmeres wirft uns um, und wir haben Zeit und Anlaß zum Nachdenken. Oft genug ist es dann eine demütigende Erkenntnis, daß man es eigentlich längst hätte wissen können.

Doch dabei bleibt es nicht. In der nächsten Etappe der Strafe wird Prometheus laut Aischylos mitsamt dem Felsen, an den er gefesselt bleibt, in die Tiefe der Erde hinabgestoßen, in eine Versenkung, die Jahrzehntausende dauern wird. Es ist ein finsteres „Grab aus Stein", und „steinerne Arme" werden sich um Prometheus schließen. Ich sehe darin das Bild einer tiefen Depression. Merkwürdigerweise wird in keinem der gelehrten Bücher, die ich zum Prometheus-Mythos gelesen habe, auf diese Versenkung in den Stein eingegangen. Sie wird einfach übersehen, als dürfe nicht wahr sein, daß der Feuerräuber eine Depression durchmacht. Die Griechen

waren da psychologisch genauer. Erst nach Zehntausenden (!) von Jahren lebendigen Begrabenseins
darf Prometheus wieder auftauchen, weiterhin gefesselt natürlich. Dann erst beginnt die immer wiederkehrende Szene mit dem Adler, dem „geflügelten
Hund des Zeus".

Das Bild der Versenkung in den Stein wollen wir
zunächst genauer betrachten.

Depression

Wenn Prometheus in eine Depression gerät, dann
verschluckt ihn sein Schatten. Unfreiwillig versinkt
er im Dunkeln. Wenden wir das Denkmodell der
Subjektstufe an und denken uns zwei Aspekte im
Menschen, die im Widerstreit liegen. Der eine ist der
Schatten des anderen. Zuerst liegt die Initiative
beim Prometheus-Aspekt. Dann liegt die Betonung
auf Autonomie, Schlauheit, Liebe, Schaffenskraft,
Fürsorge, Phantasie, Sexualität – kurz auf all dem,
wofür wir den Feuerdieb in uns verantwortlich gemacht haben. In der Pubertät liegt die Initiative
zunächst allein bei dem Prometheus im Sohn, der
sich gegen den Vater auflehnt. Dann aber kommt die
Gegenbewegung, und der Zeus-Aspekt ergreift
streng das Wort. Dann heißt es: Autorität, Sturheit,
Strafe, Schuldgefühl, Rücksichtslosigkeit, Sterilität
und erzwungene Unterwerfung. Bei einer Depression sind oft erhebliche destruktive Energien am
Werke, verdrängte Gefühle, verdrängte Aggressionen, die ursprünglich einem Elternteil oder Partner
gegolten haben. Diese Energien schlagen dann nach
innen um und werden auto-aggressiv. Der bisher

vernachlässigte aggressive Anteil der Psyche bricht durch und legt den anderen, friedfertigen Anteil in Ketten. Es geschieht mit „Naturgewalt". Für Außenstehende, auch für Eltern, ist oft schwer nachzuvollziehen, was mit diesem Menschen, ihrem Kind, da eigentlich geschieht. Eine schwere Depression in oder nach der Pubertät kann dazu führen, daß der Jugendliche für alle Mitmenschen unerreichbar wird, wie innerlich entrückt in ein anderes Land. Glücklicherweise ist so etwas selten, denn auch als Kinderpsychiater ist man da etwas ratlos. Leichtere depressive Zustände kennt aber jeder, und in der Pubertät der gesündesten Kinder gibt es ebenso depressive Phasen wie andererseits überdrehte, manische Zustände von „Feuerraub". Bei uns sind die Rollen, wie mir scheint, da etwas aufgeteilt zwischen Mädchen und Jungen. Die Jungen bleiben eher auf der Stufe der Räuber stehen, und die Mädchen sind eher depressiv. Es ist, als müßten die Mädchen da etwas ausbaden, was aufs Konto der Jungen gehört. Oder als würden Mädchen besonders hart bestraft von einem patriarchalen Zeus in ihnen. Auch erwachsene Frauen sind häufiger depressiv als Männer.

Eine schwere Depression kann so furchtbar sein wie ein Todeserlebnis. Dann schließen sich wirklich „steinerne Arme" um den Unglücklichen, der nicht einmal Hilfe herbeitelefonieren kann. Das kann bis zur „Gefühllosigkeit" gehen, zum Beispiel in der verkrampften Starre einer neurotischen Depression. Einmal habe ich gelesen, es sei so, „wie wenn man auf den Grund sinkt". Immerhin ist dann ein „Grund" da, der zuletzt doch trägt. Zeus hatte Prometheus ja auch prophezeit, daß er aus dem Dunkel wieder herauskommen werde. C. G. Jung sagte, als er versuchte, die Summe seines Lebens zu beschreiben:

Ich weiß nur, daß ich geboren wurde und existiere, und es ist mir, als ob ich getragen würde. Ich existiere auf der Grundlage von etwas, das ich nicht kenne. Trotz all der Unsicherheit fühle ich eine Solidität des Bestehenden und eine Kontinuität meines Soseins[12].

Dieses „mir ist, als ob ich getragen würde" ist die Erfahrung, die den Absturz und die Beklemmung einer Depression beendet. Der Mensch taucht wieder auf. Aber wozu? Was findet er vor? Die Probleme sind nicht gelöst. Wer aus einer tiefen Depression auftaucht, steht nie vor gelösten Problemen. Aber vielleicht ist er verändert. Dann fließt die Energie wieder – und der Adler kann kommen. Das Auftauchen, die Wiedergeburt geschieht dann zum Leiden, wie bei Prometheus. Das Leiden kann jetzt aber bewußt erlebt werden und etwas von der eigenen Transzendenz vermitteln.

Zwei „Fallgeschichten" möchte ich hier anführen, einmal die einer Depression, die immer wiederkommt und einen jungen Menschen „bestraft", ihn in einen Teufelskreis aus „Schuld und Sühne" bannt. Der junge Mann ist wie ein Prometheus, der immer wieder seine Fackel an der großen Sonne der Liebe anzündet, aber kein Feuer am Leben erhalten kann. Das andere Beispiel ist eine Depression in der Lebensmitte, die wirklich zum Ausdruck und Anlaß einer Lebenswende wurde.

Wiederholungszwang

Das Leben eines 26jährigen jungen Mannes wies einen merkwürdigen Rhythmus auf. Er war immer eine Zeitlang unternehmend, fuhr mit dem Motorrad durch den Grunewald, mit Lockenkopf und fröhlichem Halstuch und meist ohne Schuhe an den Füßen, wie um seine naturhafte Vitalität unter Beweis zu stellen. Ein bißchen selbstgefährdend war diese Haltung auch. Er hatte alle 14 Tage eine neue Freundin, manchmal mehrere gleichzeitig, und er hatte offenbar auch keine Probleme, immer wieder neue Frauen zu finden, die ihn mochten. Ein gemütvoller Mensch, auf den ersten Blick wenigstens, und ein Don Giovanni, der immer eine ganze Reihe von Flammen am Brennen hatte, die ihm aber ebenso schnell wieder ausgingen, wie er andere anzündete. Lange hielten die Beziehungen nicht. Mindestens alle drei Wochen aber blieb er morgens im Bett, bei zugezogenen schwarzen Vorhängen, und konnte den ganzen Tag nicht aufstehen, nicht reden und war wie gelähmt. Seine Depressionen zogen ihn richtig körperlich nach unten. Sein Zimmer hatte er mit lauter schwarzen Möbeln eingerichtet. Vom Tod war er geradezu fasziniert, er sprach davon schon beim ersten therapeutischen Gespräch, und auch davon, daß vor Jahren eine Mitschülerin von ihm Suizid gemacht hatte. Es kam ein ganzes Netz von Verstrikkungen in Schuldgefühlen zutage und eine schwärmerische Liebe zu seiner Mutter, die sich in seinem vierten Lebensjahr vom Vater getrennt hatte. Er war ein richtiger „Muttersohn", wobei seine Mutterbeziehung offenbar seine Beziehungen zu ihm gleichaltrigen Frauen immer durchkreuzte. Was er suchte, konnte er da offenbar nicht finden, aber immer wieder mußte er es versuchen. Tiefsitzende, abgewehrte Schuldgefühle hatte er auch gegenüber dem Vater und allem Väterlich-Autoritären. Offenbar hatte er die Trennung der Eltern so erlebt und verarbeitet, daß er dem Vater die Mutter weggenommen hatte. Und Mutter ließ ihn auch nicht los, und seine Depressionen waren gemischt aus dem Druck von Schuldgefühl und der Sehnsucht nach mütterlicher Geborgenheit, die aber eher einem Gefängnis glich und er einem „Freigänger" und „Wiederholungstäter", der immer wieder zurückkehren muß, um seine Strafe abzusitzen. Sein „Strafmaß" wuchs mit jeder neuen „Flamme", die er sich geraubt hatte, wieder nach. Natürlich war er nicht imstande, auch nur ein Feuer richtig am Leben zu erhalten, denn wenn es soweit war, wurde er in den Felsen zurückbeordert. Ein Teil in ihm legte den anderen in Fesseln.

Lebensmitte

Depressionen in der Lebensmitte haben oft noch eine andere Dimension. In jüngeren Jahren geht es oft mehr um Blockierungen, die aus der Kindheit und Jugend herrühren und zum Beispiel wie bei unserem „Wiederholungstäter" die Aufnahme wirklicher Beziehungen erschweren. Später dann geht es eher um die Verständigung mit sich selber, mit solchen Anteilen in einem, die während der ersten Lebenshälfte in den Hintergrund getreten waren und nun ihr Recht fordern. Es kommt vor, daß solche abgespaltenen Anteile mit geradezu diktatorischem Anspruch auftreten – wie der Zeus des Mythos.

In dem Beispiel einer Depression in der Lebensmitte ist es – und das ist vielleicht bezeichnend für dieses Alter – ein nicht gelebter Prometheus-Anteil, der sich wehrt und ans Licht will. Eine 45jährige Frau kam wegen schwerer Depressionen, dem Gefühl, „wie versteinert zu sein", und wegen Migräne und neuerdings Asthma-Beschwerden. Sie war jahrzehntelang eine „vorbildliche" Hausfrau gewesen (übrigens mit „Diplom"), „perfekt" als Ehefrau und Mutter ihrer drei Kinder. Mit viel Liebe und Phantasie hatte sie ihre Familie aufgebaut; ihr kräftiger schöpferischer Prometheus-Anteil hatte sie beflügelt. Gerne hatte sie dafür nach zwei Semestern ihr Kunststudium abgebrochen. In den Jahren der Pflichterfüllung war ihr Familienleben zu einem Korsett geworden, das sie von innen her nicht mehr „belebte", sondern nur noch ertrug. Mit den verinnerlichten Normen, was eine Mutter und eine gute Hausfrau zu sein hat, kam sie in immer größeren unbewußten Konflikt. Es machte ihr keine Freude mehr, sie wurde depressiv. Aber selbst wenn sie morgens kaum mehr aus dem Bett kam, schluckte sie Kopfschmerztabletten und backte den Sonntagskuchen für die Familie wie immer. Fragwürdig wurde ihr Heroismus dadurch, daß die Kinder nacheinander das Haus verließen und nur noch ab und zu „Eingemachtes" bei Muttern abholten. Die Frau beschrieb sich später so: sie sei in dieser Zeit oft „wie versteinert" gewesen und habe „funktioniert ohne Gefühle". Sie nahm stark ab. Der Zusammenbruch geschah, wie es sich für eine so disziplinierte Frau gehört, still und fast unbemerkt. Anläßlich einer

Krebs-Vorsorgeuntersuchung bei der Frauenärztin kam es zu einem ersten aufrührenden Gespräch. Das Weinen in der Therapie erlebte sie dann wie eine Erlösung. Eine Unmenge von „heruntergeschluckten Gefühlen", Kränkungen und Hoffnungen kam heraus. Manche Analysestunde war eine Geburt unter Tränen. Später gesellte sich das Lachen dazu. Eigentlich war sie „Vaters Tochter", und von ihrer Mutter war sie etwas enttäuscht gewesen. Im „Dritten Reich" hatte sie die Ideologie der „Deutschen Hausfrau" gelernt, der sie später jahrzehntelang treu folgte. In den Gesprächen setzte sie sich insbesondere mit diesem „Zeus" in ihr auseinander. Der Adler tat sein Werk. Später brachte sie es fertig, im Haushalt auch einmal etwas liegen zu lassen – zum Ärger ihres verständnislosen Ehemannes –, und sie begann wieder zu malen, was sie im letzten Jahrzehnt fast nicht mehr gemacht hatte. Der lange gefesselte Prometheus in ihr kam wieder ans Licht, und je besser es ihr ging, desto wilder, bunter und großformatiger wurden ihre Bilder. Jetzt war sie wieder bei ihren „Geschöpfen", und ihre ganze Fruchtbarkeit konnte sich, auf einer neuen Stufe, entfalten. Die Verwandlung dieser Frau, deren schöpferische Talente sich neu entfalten konnten, hatte etwas Wunderbares, dem sich letztlich auch ihr Mann nicht entziehen konnte. Es paßt gar nicht schlecht, bei dieser Frau von einem „göttlichen Feuer" zu sprechen, das sie ihrem Prometheus verdankt.

Krankheit zum Tode

Wer aus der Depression heraus will, muß auf den Adler gefaßt sein. Die Frau, von der gerade die Rede war, hatte das Glück, ihren Adler unter dem Schutz der analytischen Beziehung füttern zu können. Nicht immer geht das so glatt wie hier, auch nicht im griechischen Mythos. Hören wir die Verzweiflung des gefesselten Titanen in einem Textfragment von Aischylos:

Titanen, gleichen Bluts Entsproßne, Nächste mir,
des Himmels Söhne, seht mich hier am rauhen Fels
Gefesselt! Also bindet, wenn das Meer aufbraust,
Der bange Fischer nachtgeängstigt seinen Kahn.
Der Sohn des Kronos schlug mich so in Bande,
Zeus.

Und wählte sich Hephaistos' Hand zu diesem Werk.
Der machte fest die Nägel, brach mit arger Kunst
Die Kraft der Glieder, daß geübt in bitter Qual
Ich nun bewache diese, der Erinyen, Burg.

Am dritten unglückseligen Tage je erscheint
Mit schwerem Flug Zeus' Bote, schlägt die krum-
men Klaun

In meine Brust und nagt mit stummer Gier.
Gesättigt dann von meiner Leber fettem Mahl
Erhebt er seine Stimme, schlägt die Flügel, tränkt
In meinem Blut das Schwanzgefieder und
entschwebt.

Hat dann die fortgenagte Leber sich erneut,
Dann kommt er hungrig wieder her zu neuem
Schmaus.

So nähr ich selbst den Wächter meiner argen Pein,
Der mich Lebendgen so beschmutzt mit ewger
Qual.
Denn unter dieser Ketten Zwang, ihr seht es selbst,
Kann ich den Aar wegscheuchen nicht von meiner
Brust.

Ich nehm in banger Einsamkeit die Schmerzen hin,
Ein Ziel des Elends suchend, schreiend nach dem
Tod,
Doch weit vom Tode drängt mich Zeus' Gewalt
hinweg!

Ein starkes, grausiges Bild. Ein extremer Zustand. Nach der ursprünglichen Fassung des Hesiod leidet der Prometheus so auf ewig, bis ans Ende der Welt, immer noch. Es geht ihm so wie seinem Bruder Atlas, der ewig den Himmel tragen, wie dem Sisyphos, der ewig den „Stein des Anstoßes" rollen muß, oder dem Tantalos, der ewig hungrig und durstig nach Essen und Trinken greift und nichts erreicht. Es sind exemplarische Strafen, die nicht zufällig sind, sondern etwas bedeuten. Atlas zum Beispiel hatte mit den Titanen den Himmel stürmen wollen – jetzt muß er ihn tragen. Er erlebt gewissermaßen die Last der Verantwortung, die der Besitz des Götterhimmels mit sich bringt. Die Tortur des Prometheus ist vielschichtig und nicht einfach zu deuten. Die Verschärfung der Strafe bringt einen neuen Akzent: körperlichen Schmerz und schließlich, zermürbt durch die immer wiederholte Quälerei, Sehnsucht nach dem Tod. Schmerzen und Tod sind ein Menschenschicksal, das Prometheus seinen Schützlingen gerne erspart hätte. Es nützt ihm gar nichts, daß er die Menschen vor der verderblichen Pandora gewarnt hatte. Zur Strafe wird gerade er auf die kläglichste Existenzweise der Menschen herabgedrückt. Soll er sehen, mit welch armseligen Geschöpfen er gemeinsame Sache gemacht hatte. Eine andere Deutung läßt sich aus dem ableiten, was Zeus damit bezweckt: Er will etwas aus Prometheus herausbekommen, und solange der sein kostbares Wissen nicht preisgibt, wird sich eben der Adler des Zeus kostbare Teile seines Körpers einverleiben.

Es ist möglich, im Leiden des Prometheus seelische Qualen zu sehen, Selbstvorwürfe, Gewissens-„bisse", bohrende und „nagende" Schuldgefühle. „Hör auf, mit deinem Gram zu spielen, der wie ein Geier dir am Leben frißt!" sagt Mephisto einmal zu Faust. Doch anders als bei der vorangegangenen Depression ist das Leiden jetzt greifbar, es ist sozusagen in einem Tier verkörpert und hat einen Namen. Prometheus kann sich jetzt bewußt damit auseinandersetzen. Das „Füttern des Adlers" ist kein schlechtes Bild für das, was in mancher Analyse geschieht. Und das Klagen und Klagenkönnen hat spezielle Bedeutung bei der Heilung der Depression[13]. Es geht um Dinge der Vergangenheit, die nicht mehr zu ändern oder wiedergutzumachen sind. Es ist eine erzwungene Besinnung über altes Leid, alte Schuld und den notwendigen eigenen Anteil an beidem. „Erinnern, Wiederholen, Durcharbeiten" heißt das bei Sigmund Freud. Das Ergebnis kann sein, daß hinter der alten „Schuld" ein objektiver Konflikt zutage tritt, wie wir ihn bei der Pubertät aufgefunden haben und für den eigentlich niemand etwas kann. Das Ende der Leiden und das Verschwinden des Adlers sind im Mythos allerdings noch an andere Bedingungen geknüpft. Es muß ein

Kompromiß gefunden werden, ein neuer Kompromiß!, und Zeus, der Gott, muß einverstanden sein. Nur deo concedente, mit der „Zustimmung Gottes", gibt es eine Heilung. Das läuft auf die Frage hinaus, wie Zeus sich letztlich verhalten wird, starr wie bisher oder flexibler, weicher, gnädiger. Es geht im Mythos um das Bild von Gott in uns.

Wir können die Wunde des Prometheus auch direkt ansehen als Bild einer körperlichen Krankheit. Bekanntlich können körperliche Beschwerden auf eine ungenügend geklärte psychische Problematik hinweisen. Das ist sehr häufig, besonders bei den Gesundheitsproblemen des Alltags. Eine schlichte Halsentzündung zum Beispiel kann die symbolische Bedeutung haben, daß einem „etwas die Kehle zuschnürt", daß man, ohne darum zu wissen, etwas Wichtiges sagen müßte, was man sich nicht getraut, oder daß man irgend etwas „nicht herunterschlukken" möchte, ohne sich darüber Rechenschaft abzulegen. Ein Magengeschwür wäre ein anderes Beispiel. Viel Zeit, Geld und schmerzhafte medizinische Prozeduren könnte man sich ersparen, wenn man etwas mehr auf die Sprache seines Körpers hören und eine bessere Beziehung zu ihm aufnehmen würde.

Es ist übrigens gar nicht zu bestreiten, daß auch schwere organische Krankheiten sich zurückbilden können, wenn die Patienten eine gute Psychotherapie machen. Manchmal ist es aber schon zu spät dazu, der Körper „läßt nicht mehr mit sich reden", und seine Sprache wird nicht mehr verständlich. Immer wiederkehrende Schmerzen erscheinen dann als besonders „sinnlos", und dazu kommt noch die Angst oder bange Erwartung vor einer neuen Attacke. Schon ein „Verbandwechsel" in der Chirurgie, der jeden Morgen notwendig ist, wird gefürchtet. Der alte verklebte Verband wird abgerissen, die Wunde mit Pinzetten gereinigt und zuletzt ein neuer Verband darübergelegt. Dabei sind diese Schmerzen noch einigermaßen „sinnvoll". Was heilt, tut weh, und jeden Morgen sieht es besser aus als am Tage vorher. Anders ist es bei Koliken, die immer wieder kommen, oder lebenslangen rheumatischen Beschwerden. Besonders gefürchtet sind Tumorschmerzen bei Krebs, die auch bei Nacht nicht nachlassen. Prometheus hat ja wenigstens nachts und nach Aischylos bis zu jedem dritten Tag Ruhe vor dem Adler. Der Schlaf heilt die Wunden, die körperlichen wie die seelischen. Nachts wächst die versehrte Leber nach, und alles wird wieder gut. Auch in der analytischen Psychotherapie nutzen wir den „heilenden Schlaf", wenn wir nämlich die Träume betrachten, die er beschert und die die oft einseitige Einstellung des Tages-Bewußtseins nach der anderen Seite ergänzen. Immer wiederkehrende oder bleibende Schmerzzustände können einen Menschen charakterlich ganz verändern und zerstören. Das ist manchmal eine bestürzende und sehr traurige Beobachtung. Auch Einsamkeit und fehlender menschlicher Kontakt übrigens, wie es unser Prometheus zusätzlich erleiden muß. Es ist eine archaische und barbarische Art der Strafe, wenn der moderne Staat seine Rebellen einer solchen „Isolationshaft" aussetzt wie der Zeustyrann des Mythos, um sie zu zerstören. Es entsteht dann der verzweifelte Wunsch, sein Leben zu beenden und zu sterben. Die Verzweiflung nennt Kierkegaard die „Krankheit zum Tode".

Auch das Thema Selbsttötung oder Selbstmord gehört deshalb in den Prometheus-Zusammenhang. Prometheus „schreit nach dem Tod". Es ist der furchtbare, absolute Tiefpunkt seiner Laufbahn. Der Tod, wenn er käme, wäre ein Freund, der ihn erlöst. Erinnern wir uns, wie auch der Pferdemensch Chiron sich den Tod wünscht, weil seine Wunde nicht heilt. Nur: Prometheus kann und darf gar nicht sterben, denn er ist ein Gott. Götter können nicht sterben, selbst wenn sie wollen. Prometheus, menschlich gesehen, will sterben, „schreit nach dem Tod", und entdeckt dabei seine unsterbliche Seele.

Der moderne Prometheus
Wandel im Gottesbild

Zeus hat gelernt. Der unberechenbare Naturgott mit Donner und Blitz, der neue Herr des Olymp hat sich geändert. Er akzeptiert das Opfer, stimmt dem Vertrag zu. Im Endeffekt legt er selbst seiner schweifenden Sexualität Zügel an und verzichtet auf die schöne Meergöttin Thetis. Auf diese Geschehnisse bei der Befreiung des Prometheus werden wir noch eingehen. Auch Prometheus hat sich gewandelt, ist bescheidener geworden und ordnet sich Zeus unter. Das ist die patriarchale griechische Lösung, die – immerhin – die griechische Kultur ermöglicht hat.

Das Bild, das sich die Menschen von Gott gemacht haben, ist seitdem nicht stehengeblieben. Das Bild des leidenden, mit-leidigen Gottes, das wir zuerst bei Prometheus und Chiron sahen, finden wir später bei Dionysos, bei Mithras, der viele Attribute des

Prometheus trug, und zuletzt beim Schmerzensmann Christus, der für die Menschen leidet. Bei
aller Unterschiedlichkeit sind das Geschehen am
Kaukasus und das auf dem Berg Golgatha doch nicht
unähnlich, Christus hat sogar die Seitenwunde auf
derselben Seite wie Prometheus! Das sind uralte
Bilder, die bei aller Wandlung des Gottesbildes doch
erhalten bleiben. Auch die christlichen Märtyrer,
zum Beispiel der heilige Sebastian, sind späte Nach-
fahren des leidenden Titanen; sie werden von Gott
auf eine Probe gestellt, in der sich ihr Glauben
bewährt.

In der Lebensmitte wird das Bild Gottes oft zu
einem zentralen Thema. Es geht letztlich darum,
eine Einstellung zum Tode zu finden und damit zu
dem, was vom Tode aus gesehen dem Leben einen
„Sinn" geben kann. C. G. Jung sagte einmal, er habe
niemanden heilen können, ohne daß dieser in ir-
gendeiner Form Zugang zu seiner „religiösen Funktion" gefunden habe. Deshalb gehe ich hier darauf
ein. Das Problem des Gottesbildes heute ist, zumindest bei den Dichtern und Philosophen, auffallend
oft irgendwie mit der Prometheusgestalt verbunden.
Ich denke an Goethe, Percy Shelley[14], Mary Shelley
(„Frankenstein, der moderne Prometheus"[15]), Lord
Byron, Friedrich Nietzsche[16], Carl Spitteler, Jaspers,
Bloch, Camus, Gide und andere. Und es ist meist
nicht der siegreiche Feuerräuber, sondern der gefesselte und leidende, ratlose Prometheus, um den es
geht. Es ist, als hätten wir heute vor allem mit
diesem anderen Prometheus zu tun, der über dem
Abgrund seiner Tat hängt und deren Folgen tragen,
sich wandeln und den „Sinn" finden soll. Das
stimmt gut zu unserer Zeit der von Menschen ver-

schuldeten großen Katastrophen und Veränderungen.

Als Beispiel ein Text von Franz Kafka, einem Vater-Sohn, der übrigens an einer immer wiederkehrenden Wunde, nämlich an Tbc, starb:

Von Prometheus berichten vier Sagen:
Nach der ersten wurde er, weil er die Götter an die Menschen verraten hatte, am Kaukasus festgeschmiedet, und die Götter schickten Adler, die von seiner immer wachsenden Leber fraßen.

Nach der zweiten drückte sich Prometheus im Schmerz vor den zuhackenden Schnäbeln immer tiefer in den Felsen, bis er mit ihm eins wurde.

Nach der dritten wurde in den Jahrtausenden sein Verrat vergessen, die Götter vergaßen, die Adler, er selbst.

Nach der vierten wurde man des grundlos Gewordenen müde. Die Götter wurden müde, die Adler wurden müde, die Wunde schloß sich müde.

Blieb das unerklärliche Felsgebirge. – Die Sage versucht, das Unerklärliche zu erklären. Da sie aus einem Wirklichkeitsgrund kommt, muß sie wieder im Unerklärlichen enden[17].

Über diesen vielschichtigen und traurigen Text kann man lange nachdenken. Für mich drückt er beispielhaft das „Verschwinden des Sinnes" aus, den Verlust eines herkömmlichen Bildes von „Gott" und die noch offene Frage, was denn statt dessen kommen wird. Das ist nicht nur bezeichnend für den Dichter Kafka, sondern symptomatisch für unsere Zeit. Kafkas „vier Sagen" sind seine eigene Schöpfung. Ich sehe in ihnen, in vier Schritten, den Verlauf einer Depression bis zu einem vollkommen resignierten Ende. Der „Sinn" wird vergessen, die „Götter" werden müde, und zuletzt schließt sich sogar die müde gewordene Wunde. Ihre Aufgabe ist es gewesen, zu schmerzen – und davon ist sie müde geworden. Sie war der Teil des Menschen, der als letzter das Gedächtnis bewahrt hatte. Die wiederkehrenden Schmerzen waren auch eine Anbindung an die Zeit. Jetzt tritt eine Monotonie, ein Zeitstillstand ein. Das drückende Erleben der Sinnlosigkeit, des Gelähmtseins finden wir dann bis hin zum „Warten auf Godot" von Samuel Beckett.

Ein anderer moderner Prometheus-Text wendet das Problem ins Absurde und Zynische: der „Schlecht gefesselte Prometheus" von André Gide. Es ist eine Erzählung im Geist des Existentialismus. Der Adler, der die Leber des Prometheus frißt, sei das, was den Menschen ausmacht. „Jeder hat seinen Adler... Man muß ihn lieben." Doch am Ende der Erzählung tötet dieser Prometheus kurzerhand den Adler und setzt ihn seinen Freunden bei einem Leichenschmaus zum Essen vor:

Er hat mich lange genug aufgefressen; ich finde, ich bin jetzt an der Reihe. Zu Tisch! Los! Zu Tisch, meine Herren! ...

Die Mahlzeit war fröhlicher, als es hier erzählt werden darf, und der Adler wurde vorzüglich gefunden.

Er war also zu gar nichts nütze? fragte man.

Sagen Sie das nicht, Kokles! – Sein Fleisch hat uns genährt. Ich esse ihn ohne Groll: hätte er mir weniger weh getan, wäre er weniger fett; weniger fett, wäre er weniger köstlich gewesen[18].

Sinnverlust, Resignation, Ironie – da sind wir heute angekommen. Die Erlösung dieses unseres Prometheus steht noch aus.

Gott helfen, die Last des Feuers zu tragen
C. G. Jung

Auch C. G. Jung hat von der Sinnfindung im Bild des Prometheus gesprochen. Es gilt, dem Unbewußten etwas zu rauben, das dem einen Widerstand entgegensetzt: Leichter und viel angenehmer ist es, unbewußt zu bleiben und weiter zu träumen. Auch nur kleine Schattenseiten an uns wahrzunehmen überschreitet oft schon unsere Fähigkeit und Bereitschaft. Wie schwer ist es schon, nur einen kleinen Fehler zuzugeben. Und nichts ist so schwer wie sich bewußt zu „schämen" und einen Schatten anzunehmen. Jung konstatierte immer wieder eine „Ich-Hypertrophie" des modernen Menschen, der sich über seine tatsächliche Unbewußtheit überhaupt nicht im klaren ist. So richte er, ohne sich dessen bewußt zu sein, in der äußeren Realität die schlimmsten Dinge an.

Prometheus durchbrach ein Tabu. So wie Eva die Frucht abbrach, raubte er gegen den Widerstand des Zeus das Feuer und erwarb ein Stück „Ich" und etwas Bewußtheit. Echte Bewußtheit heißt aber: auch die Fesseln erleben, sehen, daß man an die Materie, an das Unbewußte gefesselt ist wie Prometheus an den Fels. Die „Schuld" daran wird, nicht ohne Recht, Gott zugeschoben. Zeus, so heißt es, hat den Prometheus gefesselt. Aber dann stellt sich heraus, daß Prometheus mehr weiß als Zeus, daß er ein größeres „Bewußtsein" hat als der Gott, der ihn fesselt. Zeus kann sich nur behaupten, wenn er dieses Wissen des Prometheus selber erwirbt. Er zwingt den Prometheus, ihm dieses Bewußtsein weiter- und zurückzugeben. Das Licht, das Prometheus anzündete, wirkt auf das Unbewußte zurück.

Jung hat ein solches Geschehen in seinem Buch „Antwort auf Hiob" mit größter persönlicher Erschütterung und Anteilnahme beschrieben. Es ging – so Jung – im Buch Hiob darum, daß der fromme Hiob einer destruktiven und willkürlichen Prüfung Gottes (Jahwes) unterzogen wurde, bis schließlich bestürzend klar wurde, daß der kleine und wehrlose Mensch Hiob mehr von dem verstand, was da eigentlich geschah, als Jahwe selber. Und das gab dann Gott selber zu denken:

Wenn Hiob Gott erkennt, dann muß auch Gott sich selber erkennen. Es konnte nicht sein, daß Jahwes Doppelnatur aller Welt ruchbar wurde und nur ihm selber verborgen blieb. Wer Gott erkennt, wirkt auf ihn. Das Scheitern des Versuches, Hiob zu verderben, hat Jahwe gewandelt[19].

Gott ist, schreibt Jung, „ein höchst schockierendes Problem". Hiob ist, wie Prometheus, zwischen die Schichten eines Gottes geraten, der sich differenzieren und wandeln möchte. Der jüdische Gott beschloß sogar selber Mensch zu werden, um – so Jungs Deutung – menschliches Bewußtsein erwerben zu können.

Hiob und Prometheus sind nicht die einzigen geblieben, denen es so erging. Wir können auch an Sisyphos denken, der Zeus bei einer Vergewaltigung ertappte und dafür (!) bestraft wurde. Zeus hatte sich, um sich zu verbergen, in einen Stein verwandelt, und einen solchen „Stein des Anstoßes" muß jetzt Sisyphos auf ewig den Berg hinaufrollen. Der amerikanische Analytiker E. Edinger deutet das als „Gottesdienst", als unfreiwillige Hilfe des Sisyphos bei der Bewußtwerdung des Zeus:

Weil er Gott geschaut hat, wird er Träger göttlicher Bürde. Er sah Zeus als Räuber und Vergewaltiger, und es war diese Einsicht in die göttliche Finsternis, welche ihm die unerträgliche Last aufbürdete. Sisyphos' Bewußtheit von Gott hatte die Wirkung einer Inkarnation (d. h. Einwohnung Gottes)... Gott ist in Sisyphos inkarniert, welcher mitten in seiner Tortur an der Transformation Gottes teilhat[20].

Und so gesehen ist auch das Leiden des Prometheus eine „heilige Krankheit", die zur Wandlung des Gottesbildes beiträgt. Hierher gehört auch Tantalos, der Bekanntschaft mit der kannibalischen Seite des Zeus gemacht hatte; Abraham, der für Gott seinen Sohn schlachten soll, bis Gott erschrickt und begreift, was er da verlangt hatte. „Und Abraham nannte die Stätte: Der Herr sieht" (1. Mose 22,14). In neuerer Zeit würde ich Hölderlin, Nietzsche, Kierkegaard oder Kafka zu denen zählen, mit denen „Gott" etwas Besonderes vorhatte.

Es ist ein schwieriger, abgründiger Trost, den Jung für unseren gefesselten Prometheus da bereithält. Abgespaltene beziehungsweise unentwickelte, nicht differenzierte und archaisch gebliebene Anteile unserer Psyche sind es, die uns nicht nur fesseln und quälen, sondern in unserer Existenz gefährden. Unsere ganze Welt droht inzwischen daran zugrunde zu gehen und zu verbrennen, daß wir mit diesem Feuer unbewußt umgehen. In unserem Selbst lebt ein gefährlicher Gott. Es liegt durchaus in unserem Interesse, ihm zu mehr Bewußtsein zu verhelfen. Wir sollten ihm helfen, dieses Feuer zu tragen.

Edinger deutet Jungs Ansatz so:

Zur Zeit der Entstehung des Prometheusmythos – vielleicht vor viertausend Jahren – wurde die Übernahme göttlicher Last als Verbrechen gegen Gott aufgefaßt. Heute nun wird es für den modernen Menschen möglich, sich dem Einströmen des Göttlichen zu öffnen, um Gott zu dienen statt von ihm zu stehlen ... Diese Aussage Jungs würde Prometheus' Entscheidung entsprechen, das Feuer nicht für den Nutzen der Menschen zu stehlen, sondern weil Zeus unter dem drückenden Gewicht zu vielen Feuers leidet und menschliche Mitarbeit braucht, um die quälende Last tragen zu können. Dies ist tatsächlich Jungs Vision von der Natur der Dinge ... Da es des Menschen Aufgabe ist, immer bewußter zu werden, ist er zur Teilnahme im göttlichen Drama der Transformation Gottes aufgerufen[21].

Was heißt das konkret? Wir müssen unsere Verantwortung für die Schöpfung wahrnehmen. Wir sind gewissermaßen auch für „Gott" verantwortlich. Verantwortlich nicht nur für das, was wir „bewußt" denken und tun, sondern auch für das, was uns „unbewußt" unterläuft. Niemand kann mehr sagen, er habe „von nichts gewußt". Wir können von

„Gott" und uns selbst auch nicht mehr in der dritten Person reden wie weiland Abraham und heute die kleinen Kinder. Es ist das eine „Neue Ethik" (Erich Neumann). Und diese Verantwortung für unser Unbewußtes, unser Selbst und unser Bild von Gott gibt unserem Leben hier und heute anstelle der Sinnlosigkeit eine Würde und Bedeutung, wie es vielleicht noch nie da war. So verstand C. G. Jung den „Mythos", den er in seinem Leben für sich fand und den er lebte. Die Aufgabe ist, auch die gefährlichen Anteile in uns selbst anzusehen, uns als Ganzheit zu erkennen und so zum Bewußtwerden des Gottes, des „Selbst" in uns beizutragen. Und sei unser Beitrag auch so klein wie das Scherflein der Witwe, so schmerzhaft wie das Leiden des gefesselten Prometheus oder so endlos wie die Mühen des Sisyphos.

Das göttliche Feuer, das uns der Prometheus in uns verschafft, ermöglicht uns, beide Seiten des Göttlichen in uns wahrzunehmen: Gott und den Teufel, Licht und Schatten, Sinn und Sinnlosigkeit. Denn mit jedem neuen Licht Bewußtheit entsteht sogleich ein neuer Schatten. Alles ist nur ein Weg. Der Berliner Analytiker R. Blomeyer schreibt:

Wenn Ganzheit Vollständigkeit ist, müssen wir sagen, daß zum vollständigen Erleben das Wahrnehmen, Ernstnehmen, Wachhalten und Ertragen des Gedankens der Sinnlosigkeit gehört. Erst das wäre Individuation[22].

Frühe Störung

Ich möchte an dieser Stelle das Problem einer jetzt 36jährigen Frau beschreiben. Es führt in gewisser Weise noch vor den Beginn unseres Mythos und die Revolte des Männlichen zurück.

Diese alleinstehende Frau, die Bilder malt, fotografiert, Videofilme und immer neue Projekte macht, kam in die Analyse zu einer Kollegin wegen ihrer tiefen Depressionen. Tagelang sei sie manchmal ans Bett gefesselt, mehrmals im Monat, sei dann leblos und „wie ein Stein". Eine Depression offenbar wie bei Prometheus.

Erstaunlicherweise war in der Analyse der Patientin von Depression erst einmal nichts zu bemerken. Über zehn Monate lang verliefen die Analysestunden im Gegenteil so lebhaft, daß die Analytikerin sich kein einziges Mal langweilte. Die Frau berichtete von ihren Projekten, und es war offenbar überhaupt nicht „analytisch". Plötzlich aber, in einer entscheidenden Stunde, hörte sie unvermittelt auf zu reden und schwieg dreißig Minuten lang. Seitdem quält die Patientin sich und die Analytikerin in den Stunden mit unsagbar mühsamen Selbstkritiken und Selbstvorwürfen, mit Hoffnungslosigkeit und Traurigkeit. Es war, als sei da plötzlich etwas zerbrochen oder das Licht ausgegangen. Jetzt aber hat die Analyse erst richtig begonnen. Es ist allerdings kein gesunder Adler, mit dem sich die Frau jetzt herumschlägt, sondern sie scheint eher dagegen zu kämpfen, nicht in ein tiefes Loch hineinzufallen und zu verschwinden.

Die Therapeutin – noch nicht die Patientin – setzt sich allmählich ein Bild der gestörten frühen Kind-

heit der Patientin zusammen. Bildhaft ausgedrückt
ist es, als seien die vielen bunten und glänzenden
„Bilderchen", die die Frau im ersten Jahr ihrer
Analyse benötigte, in Wahrheit Scherben, und zwar
Scherben eines zerbrochenen, wiederholt zusam-
mengeflickten, aber immer wieder zusammenfallen-
den Gebildes aus Glas. Es ist wie die „künstliche"
Existenz, die das gefühlsmäßig sehr vernachlässigte
Kind sich selber aufbauen mußte, in der sich aber
immer nur sein eigenes Elend und tiefe Verlassenheit spiegeln konnten. Da ist kein Leben, keine
echte Wärme drin – ein Feuer, das nicht wärmt. Sie
trägt eine tiefe sogenannte narzißtische Wunde. Offenbar fand sie schon als Baby nicht die Nestwärme
und das warme Echo, die freundliche Begrüßung auf
dieser Erde, die ein Mensch braucht. Ein brüchiges
Elternhaus, beide Eltern mehr oder weniger abwe-
send und nicht präsent. Geblieben ist eine tiefe
Verstörung des Kindes, mit sogenannten primären
Schuldgefühlen, wegen derer die Patientin lange
glaubte, die Analytikerin unterhalten zu müssen.
Immerhin konnte sie diese Beziehung überhaupt
eingehen. Sie hatte sich – und das führt zu Prometheus zurück – das Feuer, die Wärme, die emotiona-
le Nahrung selber beschaffen müssen, aber es war
niemand da, von dem sie es hätte nehmen können.
Sie mußte es sich irgendwie selber anzünden, wenn
sie nicht gleich den inneren Kältetod sterben, erfrie-
ren und gefühlsmäßig verhungern wollte. Es ist das,
was analytisch als „Frühstörung" bezeichnet wird.
E. Neumann beschrieb diese Situation so:

Sie steht im Zeichen des Hungers, des Schmer-
zes, der Leere und Kälte, der Ohnmacht und des

völligen Ausgeliefertseins an die Einsamkeit, des
Verlustes jeder Sicherheit und Geborgenheit, sie ist
der Absturz in das Verlassensein und die Angst in
einem bodenlosen Nichts[23].

Das Kierkegaard-Zitat am Anfang des Buches, auf
das ich schon mehrfach zurückkam, drückt vielleicht auch diese Befindlichkeit aus, die Folge eines
Aufbruchs aus einem Mangel, der aber nie gestillt
werden kann. Die Patientin hat das „Paradies", das
„Goldene Zeitalter" nie erlebt, und kein göttlicher
Prometheus ist ihr zu Hilfe gekommen. Das Feuer,
das sie immer wieder zu erwecken versucht, bleibt
kalt. Es ist wie die gläserne Attrappe eines Feuers,
wie man sie manchmal im offenen Kamin der Deko-
ration eines Restaurants findet, ein falsches Feuer
mit einer elektrischen Birne dahinter.

Die Frau lebt in einem abgründigen inneren Konflikt: Sie will leben, überleben – und sie will sterben.
Denn in ihr ist auch eine große Traurigkeit und
Verzagtheit, und ihre Depressionen sind nicht durch
einen destruktiven Zeus-Komplex erzwungen, sondern Folge von wirklicher Schwäche. Der Lebens-
trieb und der Todestrieb stoßen in ihr unvermittelt
aufeinander. Immer wieder fällt sie so aus den gran-
diosen Höhenflügen ihrer Projekte in den „lebenden
Tod" ihrer Depressionen. Und wie beim Fahrrad
geht das Licht aus, wenn sie nicht mehr weitertritt
und ihren Dynamo antreibt.

Ich stelle mir vor, daß ihre Analytikerin ihr jetzt
hilft beim Treten und daß beide zusammen Tandem
fahren. Die Gefühle der Patientin sind aus der
krampfhaften Erstarrung erwacht.

Pramantha – Rad des Lebens

Schon einige Male sind wir nun auf andere Mythologien gestoßen, die mit Prometheus zu tun hatten: die Sündenfallgeschichte der Bibel, die Trixterrolle des Loki in der germanischen Mythologie oder die vielen Mythen vom Feuerraub in sogenannten primitiven Kulturen. Solche Vergleiche können einem bekannten Bild oft ganz neue, unerwartet sinnvolle Lichter aufsetzen.

Wir wissen, daß eine der ältesten und sicher die üblichste Art der Feuererzeugung diejenige mit zwei Hölzern war, die schnell gegeneinander gerieben wurden. Ein trockener Zunder, oft getrocknete Pilze, fing die ersten Funken auf. Diese Methode ist einfacher als die mit Feuerstein, den es ja auch nicht überall gibt. Es müssen immer zwei verschiedene Hölzer sein, sie heißen „das männliche" und „das weibliche". Wir haben schon von der Rillentechnik gehört. Das übliche Werkzeug in den allermeisten Kulturen und Ländern war aber der sogenannte „Feuer-Drill", der Feuerbohrer, ein Stab, der in der Vertiefung eines anderen, des „weiblichen" Holzes ruht und schnell mit den Händen gedrillt wird. Am Drehpunkt entsteht die Hitze, das Feuer. Nach dieser Erfindung, die vermutlich bei der Herstellung von hölzernem Werkzeug gemacht wurde, waren die Menschen nicht mehr vom Blitz und den Launen des Himmels abhängig, wenn das Feuer mal ausging. Man datiert die Erfindung in die Altsteinzeit. Ihre Bedeutung für die Menschwerdung kann man gar nicht hoch genug einschätzen.

Dieser Feuerquirl hat in der uralten indischen Mythologie[24] und Religion eine besondere Bedeutung und einen eigenen Namen. Das Sanskrit-Wort heißt *pramantha* – es ist das ursprüngliche und ältere Vorbild des griechischen Worts *Prometheus*! Die Griechen und die Inder – und wir übrigens auch – haben eine gemeinsame kulturelle Frühgeschichte, deren Spuren sich in der heiligen Sprache des Sanskrit erhalten haben. Die Griechen haben viele Sanskritwörter übernommen und ihnen eigene Bedeutungen gegeben. So kam es zu der Übersetzung von *pramantha* in den griechischen *Pro-metheus*, den „Vor-Denker", den „Vor-Bedacht". Die Silbe *manth*, die bei den Griechen *denken* bedeutet (lateinisch *mens*, deutsch *Mensch*), bezeichnet im Sanskrit das „Hin-und-her-Bewegen"; ursprünglich nicht das Hin-und-her-Bewegen im Geiste, das heißt denken, sondern die Bewegungen des Holzes. Die Zusammenhänge von Denken und Licht in Wendungen wie „ein Licht anzünden", „Geist der Erleuchtung", „Feuer des Gedankens" bis hin zu der „Glühbirne, die einem aufgeht", sind uralt, so alt wie die Sprache selbst. Wissenschaftler meinen, daß die Frühmenschen, um das erste Feuer sitzend, auch das Sprechen erfunden haben. „Prometheus" ist also die Personifikation eines viel älteren Prinzips, des Feueranmachens durch die schnelle Drehung des *pramantha*. Man kann sagen, daß den Menschen – buchstäblich – da noch ganz andere Lichter aufgegangen sind.

Das indische *pramantha* wird auch sexuell gedeutet; es ist das Männliche im weiblichen Holz. Es ist das in Indien unter anderem Namen am weitesten verbreitete religiöse Symbol: der Linga (Penis des Gottes Shiva) in der Yoni (Vulva der Göttin Kali). Linga und Yoni gehören immer zusammen, sie beide in ihrer ewigen Vereinigung sind das Sinnbild der Schöpfung. Mit einem Stab allein kann man ja auch kein Feuer anmachen, das Gegenstück ist genauso wichtig. Die indischen Götter sind ohne ihre weibliche Entsprechung, ihre *Shakti*, überhaupt nicht denkbar – ganz anders als unser christlicher! Auch das Verhältnis zur Sexualität ist in Indien ja viel entspannter. Und in der Umdrehung des *pramantha* steckt noch eine andere Bedeutung: daß sich nämlich alles im Kreise dreht. Aus der Kreisbewegung des Alls heraus entsteht, wie das heilige Feuer aus der des *pramantha*, die Schöpfung, in der wir leben. Und der Kreislauf des Lebens nimmt alle Geschöpfe wieder in sich zurück, in einen Tod, um sie erneut zu schaffen und, wie im Spiel, wieder hinauszugeben in eine neue Existenz. Das Energiezentrum, in dem das Leben entsteht, ist der Punkt, an dem sich die beiden Urelemente berühren und gegeneinander bewegen. Es ist der Nabel der Welt.

Das *pramantha* ist so letzten Endes das gleiche wie das Rad der Wiedergeburten, das Rad des Lebens, das in der indischen Religion eine so wichtige Rolle spielt. Die Achse, die Nabe (= Nabel!) ruht hier, das Rad dreht sich, und Hitze entsteht an der Mitte, wo das Rad aufliegt. Feuerräder kennen wir auch aus unserem Brauchtum; mit Stroh umwickelt läßt man sie in manchen Gegenden heute noch zur Sonnenwende brennend ins Tal rollen. Ursprünglich hat man mit solchen Rädern Feuer gemacht, noch vor hundert Jahren hat man in einigen deutschen Gegenden sogenannte Notfeuer, das heißt wundertätige Feuer gegen Viehseuchen, mittels Rädern entzündet, die man schnell auf einer festen Achse dreht, bis diese heißlief und den Zunder ansteckte.

Das Sonnenrad gehört auch in diesen Zusammenhang, es ist ein neolithisches Symbol, eine Art vorwissenschaftlicher Erklärung der Hitze der Sonne. Wir kennen es in Germanien genauso wie in Indien oder Griechenland. Die Cherubim des jüdisch-christlichen Gottes haben in der Vision des Propheten Ezechiel ebenfalls solche Sonnenräder unter sich. Es ist sicher eines der am weitesten verbreiteten Symbole und geht in letzter Linie auf den Feuerquirl zurück, das *pramantha*, unseren Prometheus.

Das Rad des Lebens ist das, wofür die Griechen das Bild und die Geschichte des Prometheus erfanden (es gibt übrigens Reste einer ähnlichen Geschichte jüngerer indischer Herkunft). Dabei sind einige Aspekte verlorengegangen, die im wunderbaren Ganzheitssymbol des Rades noch enthalten sind. So wie das Rad dreht sich unser Leben: hinauf und hinab. Auf den Aufschwung folgt notwendig ein höchster Punkt, ein Scheitelpunkt, an dem die Bewegung umschlägt und wieder abwärts geht, unten herum zum Ausgangspunkt, zu einem neuen Anstieg und so fort. So ist der Lauf der Sonne, des Sonnenrades über den Himmel, und so ist der Lauf des Menschen auf der Erde. Ohne diesen Kreislauf des Lebensrades, des *pramantha* – und so deute ich mir das indische Symbol – gäbe es aber auch kein Feuer in der Mitte, kein Leben, keine Schöpfung. Das ist, glaube ich, auch die eigentliche Lehre des Buddha gewesen, des *tathagata*, des Ja-Sagers. Er verstand das Rad des Lebens, in dem Aufbruch und Abstieg, Leben und Tod zusammengehören, und setzte das „Rad der Lehre" in Gang: „Ja, so ist es." Unmöglich ist es, „auszusteigen" aus dem Rad. Wer aber „Ja" dazu sagt, ist nicht mehr an dieses Rad gefesselt.

Das *pramantha* wurde und wird in Indien zur rituellen Feuererzeugung verwendet, und zwar mit einem genauen psychotherapeutischen Sinn. Dieser Ritus bringt die Lebensenergie der Dorfgemeinschaft wieder zum Fließen. C. G. Jung spricht hier von der „Wandlung der Libido", die notwendig wird, wenn das Leben nicht recht weitergeht:

Was wir als „Rückstauung der Libido" bezeichnen, bedeutet für den Primitiven eine unmittelbar anschauliche Tatsache: das Leben fließt nicht mehr, die Dinge haben ihren Glanz verloren, und Pflanzen, Tiere und Menschen gedeihen nicht mehr... Der moderne Mensch empfindet unter diesen Umständen einen Stillstand („I am stuck"), ein Absinken der Lebenslust und Energie („die Libido ist mir weggefallen") oder eine Depression. Nicht selten muß man einen Patienten sogar darauf aufmerksam machen, da die Introspektion des heutigen Kulturmenschen öfters alles zu wünschen übrig läßt[25].

Das im *pramantha* neuerschaffene Feuer ist dann der Mittler, das Symbol der befreiten Energie, die jetzt neue Formen annehmen kann. Das Symbol des Feuerquirls, des Lebensrades führt so aus krampfhafter Erstarrung heraus, aus Inflation oder Depression. Es vermittelt das belebende, das göttliche Feuer.

Zwei Hölzer gehören dazu, ein männliches und ein weibliches. Der griechische Prometheus-Mythos, in dem die beiden Männer die Sache im wesentlichen unter sich ausmachen, erscheint dagegen wie eine verkürzte, patriarchal reduzierte Geschich-

te. Eine Frau kommt vor: Pandora, die vom Göttervater geschickt wird, aber nur Unglück bringt und
von Prometheus auch nicht aufgenommen wird. Die
andere Frau, die Meergöttin Thetis, wird gedemütigt
und zwangsweise einem Menschen verheiratet. Vom
„Rad des Lebens" ist da wenig übriggeblieben. Und
dennoch ist auch im griechischen Prometheus-Mythos ein Gedanke enthalten, der aus der Patt-Situa-
tion von Inflation oder Depression herausführt. Im
folgenden dritten Teil dieses Buches möchte ich ihn
näher beleuchten.

Beziehung

Dieser dritte Teil der Deutung ist überschrieben mit „Beziehung". Es ist ein Programm, weil ich denke, daß eine wirkliche Lösung und Erlösung unseres Prometheus, auch des Prometheus in uns, nur unter diesem Zeichen möglich ist. Dazu möchte ich einige Ideen bringen.

Denken wir an das *pramantha*, das Rad des Lebens: Feuer und Leben entstehen durch die Beziehung der beiden Hölzer, und die Schöpfung entsteht durch die Beziehung der beiden Urelemente, des Männlichen und des Weiblichen. Halten wir die Themen unseres Prometheus-Mythos dagegen: Diese Geschichte beginnt gerade mit der Abschaffung von Beziehung durch Zeus, mit der Verneinung seiner Herkunft, der Verdrängung des Vaters, der Mutter, des alten Zyklus, und dem Versuch, mit allen Mitteln ein „ewiges" und notwendig starres „Ich"-System zu errichten. Ein „Schatten" ist nicht erwünscht. Oder denken wir an den Feuerräuber Prometheus: Auch er stellt ein „Ich" dar, ein handelndes und bewußtes Subjekt. Indem er für die Menschen das notwendige Feuer raubt, schießt er über das Ziel hinaus. Der gefesselte, in die Depression versinkende und dann leidende, vom Adler gequälte Titan erlebt jetzt seinen „Schatten", die Schattenseite seines selbstbewußten und sieghaften Aufbruchs – und das stellvertretend für Zeus, zu dessen Bewußtwerdung er so beiträgt. Das Ich und der Schatten treten in eine Beziehung.

Doch es ist eine Geschichte des Männlichen, bei der das Weibliche eine ganz schlechte Rolle spielt. Es ist notwendig, den griechischen Mythos zu hinterfragen, der eine so einseitig patriarchale Position einnimmt. Dabei wird es um ein Umdenken gehen, und dabei wird es sogar möglich sein, in der alten Prometheus-Mythologie Spuren matriarchaler Auffassungen wiederzufinden, die bei der patriarchalen Umgestaltung und Neugestaltung der Griechen wie Fremdkörper, und mit oft verändertem Sinn, in der Erzählung stehen geblieben sind. Es ist ein Stückchen „Archäologie" nötig, Geschichte der Psyche, und die Aufnahme einer neuen „Beziehung" zu unserem Prometheus, die auch in die Zukunft führt.

Herakles und Chiron
Dialektik einer Lösung

Stellen wir uns das kreisende Rad vor: In dem Maße, wie die eine Seite sich hebt, senkt sich die andere hinab. Auf der einen Seite geht es zu einer neuen Zeugung hinauf, zu einem neuen Aufbruch, auf der anderen gleichzeitig hinunter in einen Tod. Dem Scheitelpunkt oben, auf dem die Bewegung umschlägt, wie in der Lebensmitte vom Aufwärts zum Abwärts, entspricht unten der tiefste Punkt, von dem ab die Bewegung im selben Moment wieder aufwärts geht und ansteigt.

Ich versuche zu zeigen, wie dieses Rad des Lebens, die kreisende oder Hin-und-her-Bewegung des *pramantha* als Lösung auch im griechischen Mythos von Prometheus enthalten ist. Der Einfachheit halber spreche ich von den handelnden Gestalten auf der Subjektstufe; alle sind Teile, widersprüchliche und sich ergänzende Aspekte einer Person.

Zeus' Problem: Er will sich behaupten, will „Ich" sein, arbeitet sich mit Hilfe der Prometheus-Funktion aus dem Unbewußten heraus, beansprucht Leben und Dauer, Feuer und Licht. Der Partner auf der anderen Seite, der ihm sein Verlangen spiegelt, ist Prometheus. Das Dunkle, aus dem Zeus kommt, wird ausgeklammert, weil Zeus ewig herrschen will und ein „Woher" auch ein „Wohin" bedeuten würde. Je mehr das Dunkle verdrängt wird, desto bedrohlicher muß es erscheinen. Das ist das Thema der Auseinandersetzung des Zeus mit Prometheus. Prometheus ist gewissermaßen der Amboß, auf dem Zeus sein eigenes Bewußtsein schmiedet. Bei der Erlösung des Prometheus aus dieser Lage und bei der Befreiung des Zeus von seiner Angst und Bedrohung spielen zwei Gestalten eine wesentliche Rolle: Herakles und Chiron.

Sie vertreten beide Aspekte: das Lichte und das Dunkle. Und beide haben mit den beiden Hauptfiguren etwas gemeinsam. Der Clinch zwischen dem Prometheus-Komplex und dem Zeus-Komplex wird symbolisch gelöst durch das Handeln des Herakles und das Leiden des Chiron.

Sehen wir uns beide Gestalten an: Herakles, der Held, ist die Verkörperung des tätigen, handelnden Prinzips. Er ist „Halbgott", Sohn des Zeus und einer Frau, der geliebte „Menschensohn" des Zeus. Um die eifersüchtige Hera zu beschwichtigen, erhielt er seinen Namen, der „Ruhm der Hera" bedeutet. Es

war auch das letzte Mal, daß Zeus fremdging: Die
Taten des Herakles sollten die Herrschaft und väterliche Autorität des Zeus endgültig befestigen. Seine
Wanderungen und Taten wurden von den Griechen
bunt ausgeschmückt, und viele weitreichende Kul-
turtaten wurden ihm zugeschrieben: die Trockenle-
gung von Sümpfen, die Gründung von Städten und
von Olympischen Spielen, die Befreiung der Menschen von zahlreichen Riesen, Räubern und Unge-
heuern. Er war auch der erste, der sich auf die
gefahrvolle Reise ins Totenland begab und heil wieder zurückkehrte. Bekleidet ist er mit dem Fell eines
Löwen, den er erschlagen hat und dessen Mähne wie
Sonnenstrahlen um sein Haupt leuchten. Interessant ist, daß Herakles, diese Verkörperung des Hel-
denarchetyps, seinem Namen zum Trotz ein geradezu neurotisches Verhältnis zur Göttermutter Hera
hatte: Die Insel Sizilien konnte er nicht betreten,
weil er fand, daß vom dortigen Tempel der Hera
„unerträglicher Gestank" ausging. Einmal traf er
Hera versehentlich mit einem Pfeil und verletzte sie
unter der Brust, eine bezeichnende „Fehlleistung"
für den unehelichen Helden, der auf seinen Wanderungen überall der patriarchalen Neuordnung zum
Durchbruch verhalf. Das weibliche Prinzip rächte
sich auf seine Weise, doch das ist eine andere Geschichte. Herakles jedenfalls war der Nationalheld
der Griechen. Er tränkte die Spitzen seiner Pfeile im
giftigen Blut der Lernäischen Schlange, die er erschlagen hatte. So fügten sie Wunden bei, die nicht
heilen konnten. Natürlich traf er versehentlich auch
mal einen Freund damit: den Pferdemenschen Chiron, was Herakles unsäglich leid tat.

(Vielleicht ist es ein bezeichnender Zug, daß der

Archetyp des patriarchalen Helden bereits Waffen verwendet, die Freund und Feind gleichermaßen gefährlich werden; denken wir an die neuesten Entwicklungen auf diesem Gebiet; auch sie bedrohen Freund und Feind gleichermaßen!)

Am Felsen des Prometheus verkörpert Herakles das lebensbejahende, handelnde Prinzip, die Sonnenseite, die befreiende Tat, die den Kreislauf der immer wiederholten Verwundung durchbricht. Im Zeichen des Lebens erschießt er den Adler.

Chiron, der Pferdemensch auf der anderen Seite, verkörpert das Leiden und die Sehnsucht nach dem Tod. Wir haben gehört, daß er wegen der unstillbaren Schmerzen seiner Wunde das Dunkel seiner Höhle suchte, Heilkräuter ausprobierte, so die Medizin erfand und zuletzt, als alle Versuche scheiterten, freiwillig in den Hades hinunterging.

Ein Gott,
bereit hinabzusteigen in die Nacht des Hades,
in die dunkle Kluft des Tartaros.

Es ist genau das, wovor Zeus sich so sehr fürchtete. Den Kreislauf, die notwendige Rückkehr in einen Tod, dem Zeus entgehen wollte, um für immer und ewig der „Vater der Götter und Menschen" sein zu können – diesen Kreislauf erfüllt Chiron stellvertretend für Zeus. Durch das stellvertretende Opfer des Chiron ist die „Strafe" des Prometheus hinfällig geworden. Der Chiron-Aspekt weiß um die Notwendigkeit des Todes, ja er sucht sogar den Tod, den er freiwillig auf sich nimmt. Das ist eine stellvertretende, eine symbolische Lösung. Sie ist das Prinzip des „Opfers", das Zeus inzwischen verstanden hat und akzeptiert, weil es ihm nützt. Das Selbstopfer des Chiron-Aspektes hat noch einen anderen Akzent. Chiron ist ja zur Hälfte ein Tier, gutmütig wie ein Tier, aber auch wild und triebhaft. Seine Verwandten, die anderen Kentauren, werden als besonders wild und triebhaft geschildert. Und genau dieser Trieb-Aspekt wird mit geopfert, wenn Chiron in den Tod geht. Dem entspricht, daß Zeus jetzt seiner Triebhaftigkeit einmal Zügel anlegt und auf die sexuelle Verbindung mit der begehrten Thetis verzichtet.

Das ist ein etwas komplizierter Gedankengang, der aber den Knoten am Ende der Prometheus-Geschichte löst. Ich möchte es noch einmal anders sagen:

Es handelt sich um die Bewußtwerdung des Gegensatzes: Leben und Tod gehören zusammen. Unmöglich ist es, eine „zeitlose" ewige, unumstößliche Ordnung zu errichten, wie Zeus das will. Nur der Zyklus, der Kreislauf ist ewig. Als er die Macht erobert, weiß Zeus noch nichts davon, aber er hat Angst vor möglichen Feinden. Er bestraft Prometheus, der durch den Feuerraub seine Allmacht durchbrochen hatte, durch die immer erneuerte Wunde an der Leber. Wie ein pubertierender Junge spaltet Zeus seine weiblichen Eigenschaften ab (das Vermittelnde, Helfende, Mitleidige), um rücksichtslos die Macht erobern und behalten zu können. Die abgespaltenen Eigenschaften, die Schattenaspekte des Zeus, verkörpert unser Prometheus, der Anwalt der Menschen. Das ist der Stand der Dinge bei Hesiod: Prometheus ist, ähnlich dem Atlas oder dem Sisyphos, ein „ewiger Büßer", der für einen „Frevel" an Zeus bestraft wird.

Bei Aischylos geschieht eine Wandlung, oder vielmehr: sie ist schon geschehen. Der potentielle Gegner ist gefunden in der Fruchtbarkeit einer Frau, die den gefährlichen Konkurrenten zur Welt bringen wird, wenn Zeus sich nicht vorsieht. Prometheus, der das Geheimnis kennt, wird gefoltert, bis er kein Held mehr ist, sondern sterben will, bereit, das Geheimnis zu verraten. Mit dem Auftreten von Herakles und Chiron entsteht jetzt eine Verdoppelung:

– Herakles, der patriarchale Held, steht auf der Seite des Zeus; er ist dessen Sohn und erfüllt Vaters Wünsche.

– Chiron, der Mitfühlende, steht auf der Seite des Prometheus; sie beide leiden an unstillbaren Schmerzen.

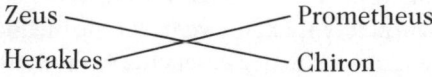

Diese Verdoppelung ermöglicht jetzt aber eine symbolische Beziehung, eine Verständigung zwischen Zeus und Prometheus. Chiron nämlich personifiziert den abgespaltenen Aspekt des Zeus, sagen wir kurz: das Mitleiden. Und Herakles personifiziert den Anteil des Prometheus, mit dem dieser zu weit gegangen ist, nämlich den Heldenaspekt. Herakles kann den Adler töten. Es ist eine „gekreuzte" symbolische Beziehung, die aus der Stagnation herausführt und die Lösung auf der symbolischen Ebene ermöglicht.

An dieser Stelle könnte dieses Buch jetzt eigentlich zu Ende sein. Ich denke, die wesentlichen Inhalte des Prometheus-Mythos habe ich kurz umrissen. Auch die Lösung am Ende erscheint psychologisch einleuchtend: Wer leben will, muß den Tod anerkennen. Für den Zeus in uns, der leben und bewußt werden will, muß eben ein anderer Anteil in uns bereit sein, geopfert zu werden und ins Unbewußte zu versinken. Es gibt kein Licht ohne den Schatten.

Doch ist das wirklich die ganze Lösung? Ich muß gestehen, daß mir die Lösung mit dem freundlichen Chiron, der sich opfert, damit Prometheus freikommt, sehr eingeleuchtet hat, sobald ich dahintergekommen war. Es ist die Lösung, auf der dann die griechische Kultur aufgebaut wurde, der wir so viel verdanken und in der der Mensch zum ersten Mal in der Geschichte ein Bewußtsein seiner selbst entwickelt hat.

Und doch bleibt bei dieser Lösung ein schlechtes Gefühl zurück. Vor allem, wenn wir die unglückliche Rolle bedenken, die der gescheiterte Prometheus in unserer modernen industrialisierten Welt spielt. Und was kann für uns die symbolische Gestalt des Pferdemenschen bedeuten? Einen anderen Gott kennen wir, der stellvertretend für den „Zeus in uns" gestorben ist: Christus. Er ist ein Mensch, und der Opfertod eines Menschen hat eine andere, weitergehende Bedeutung als der eines Tieres oder Halbtieres. In dem Symbol des sich opfernden Menschen ist, wie C. G. Jung schreibt, nicht die nur „tierische", triebhafte Seite im Menschen gemeint, die es abzulegen gilt, sondern eine spezifisch menschliche: seine Überheblichkeit, mit der er sich alles zutraut und wie die Frau des Fischers im Märchen „so sein will wie der liebe Gott". Unbefriedigend finde ich die griechische Lösung des Prometheus-Mythos vor allem deshalb, weil es eine Angelegenheit nur „unter Männern" bleibt, eine reine

„Männerwirtschaft". Gehen wir noch einmal ins Detail:

Zeus behält bei der Lösung die Oberhand, er bleibt der „Chef", Prometheus wird nicht rehabilitiert. Wieder, wie schon öfter, spielt Verrat eine große Rolle bei der „Lösung": Diesmal ist es das Geheimnis der Mutter Themis (Gäa), das von Prometheus verraten wird, den sie eingeweiht hatte. Fast folgerichtig ist, daß Thetis, die Meergöttin, von Zeus gedemütigt, zwangsverheiratet und von ihrem Mann vergewaltigt wird. Prometheus spielt wie immer eine undankbare Rolle, muß die Mutter an den Vater verraten und schließlich (in der spätantiken Fassung) den Ring tragen, in den ein Steinchen vom Kaukasus eingefaßt ist: als bleibende Demütigung. Und der einzig Sympathische in dieser Konstellation, Chiron, der gemüthafte, triebhafte, freundliche und weise Pferdemensch, der Arzt, er muß sterben.

Der Einspruch der Kapuzenmänner

Die Frauen schneiden im Prometheus-Mythos schlecht ab: Thetis bedroht den Zeus durch ihre Fruchtbarkeit, und Pandora bringt Krankheit und Unglück. Nur ein Dummkopf wie Epimetheus kann darauf hereinfallen. So wird der Mythos von den Griechen als reine Männergeschichte erzählt, mit frauenfeindlichen Akzenten. Daß diese Geschichte aber ältere, vor-patriarchale Wurzeln hat, ist weitgehend verlorengegangen. Es war ein Traum, der mich auf die Spur des „matriarchalen" Prometheus gebracht hat. Ich träumte ihn, als ich bei der Arbeit über den gefesselten Prometheus wieder einmal verzweifelt und hoffnungslos war:

In Rußland, weit im Osten. Ich bin mit einer amerikanischen Forschergruppe hierher gefahren. Unser Waggon oder Eisenbahnzug ist ein Expeditionsfahrzeug, wie ein Raumschiff ausgestattet. Ich fühle mich wohl in der Gruppe der Amerikaner. Wir halten in der Nähe von „Ulan Bator" und kommen aus irgendeinem Grunde nicht weiter. Ganz in der Nähe liegt der Reaktor von Tschernobyl. Es heißt: Der Reaktor ist wieder aktiv, unter der Betondecke. Es geht also wieder (oder immer noch?) größte Gefahr von ihm aus. Sehr merkwürdig ist die Erkenntnis, daß wir, die Menschen, ihn offenbar ganz vergessen haben, seit er unter der Betonschicht „versiegelt" worden ist. Wir sind mit unserem Zug ganz in der Nähe stehengeblieben und haben dadurch eine besondere Aufgabe. Wir müssen da hinein und alles versuchen, die Katastrophe zu unterbrechen. Das ist ganz klar und selbstverständlich. Unser Team, so denke ich, ist auch nicht schlecht.

Da fallen Schüsse. Wir werden überfallen, von Russen, aber nicht von Regierungssoldaten, sondern von Rebellen, Partisanen, „Kirgisen". Sie dringen in unsere Station ein. Während wir weiße Raumanzüge tragen, haben die Russen braune gestrickte oder grob gewebte Sachen an und Zipfelmützen über den Kopf gezogen. Ich höre Wasser rauschen: Unser Wassertank ist von einer Kugel getroffen worden, und das Wasser läuft aus in den Sand. Das bedeutet: Wir können nicht weiter, und alle, Amerikaner und Russen, müssen jetzt zusam-

*men hierbleiben. Wir stehen im Kreis: ich und die
amerikanischen Freunde in unseren schimmern-
den Raumanzügen und die erdhaften Russen, ratlos. Es stellt sich aber heraus, daß zwei der Amerikaner auch Russisch sprechen – wir werden also
miteinander reden können.*

Solch einen Traum kann man nicht nur persön-
lich, sondern auch kollektiv interpretieren. Hier
eine paar Sätze zur Deutung:

Zunächst einmal ist der Unglücksreaktor von
Tschernobyl ja tatsächlich mit Beton „versiegelt"
worden. Es gab dazu offensichtlich technologisch
keine Alternative. Doch das ist auch ein Symbol:
ungeschehen machen durch Wegpacken, ein Deckel
drüber, fertig. Einem Kind mag es helfen, wenn ein
Heftpflaster die kleine Wunde verdeckt; sie tut
gleich weniger weh. Daß genau so etwas aber der
einzig mögliche Umgang der modernen Technik mit
der außer Kontrolle geratenen Atomtechnologie sein
soll, ist wirklich erschütternd. Es ist so, wie wenn
man einen entzündeten Zahn, anstatt ihn zu öffnen
und zu entlasten, mit einer Plombe verschließen
wollte. In einem solchen Falle würde die Natur sich
prompt mit heftigen Zahnschmerzen und einer gefährlichen Ausbreitung der Entzündung zur Wurzel
und zum Knochen hin wehren. Im Traum steht
„Versiegeln" für ein trügerisches Vergessen; die Katastrophe, die sich unbemerkt anbahnt, ist nur um
so schlimmer. Symbolisch gesehen, wäre der richtige Umgang damit der, hinabzusteigen in den „Herd",
die Brennstäbe, das „heiße Eisen" anzufassen, die
unheilvollen Dinge auseinanderzunehmen, zu ord-
nen, „bewußt" zu machen. Es ist ja auch in der

Realität so, daß die Atomtechnologie nicht einfach wieder „abgeschafft" werden kann, das Know-how wird uns und unseren Nachkommen erhalten bleiben und damit auch eine mehrfache Aufgabe: ethisch so weit zu reifen, daß kein Land und keine Verbrecherbande der Erde Atomwaffen jemals einsetzen wird, und technologisch wenigstens mit den Folgen der jetzigen Atomindustrie fertig zu werden, anstatt atomaren Müll und geborstene Reaktoren einfach vergraben und „versiegeln" zu wollen. Das Pathos einer solchen Bereitschaft, die „Brennstäbe anzufassen", durchzieht den ersten Teil des Traumes. Das „Team" mit seinen Raumanzügen war „ja auch nicht schlecht".

Da geschieht etwas Merkwürdiges: Die Bereitschaft, da hinabzusteigen und das Problem technisch zu lösen, wird unterlaufen und unterbrochen durch die braunen Mützenmänner, die Partisanen, die uns überfallen und den Wassertank zerstören. Sie zeigen unübersehbar, daß sie „auch dazugehören" und daß ohne sie „nichts läuft". Während das „gute Team" mit seinen weiß-schimmernden Raumanzügen einen Geist-Helden-Typus darstellt, vertreten die Partisanen hier einen relativ unentwickelten Aspekt, der zur Erde gehört. Es sind „Unterirdische", sie tragen Zipfelmützen wie die Zwerge. Durch ihre destruktive Aktion lähmen sie das Unternehmen. Allerdings hat das in den Sand fließende Wasser auch einen positiven Aspekt, denn so kommt Feuchtigkeit in die Erde, und es kann etwas wachsen. Die braunen Mützenmänner wollen integriert werden. Am Ende stehen alle in einem Kreis, einem Bild der Ganzheit. Man wird miteinander reden müssen, will man die Katastrophe noch abwenden.

Deutlich wird, daß es in erster Linie nicht um ein technisches Problem geht, sondern um ein psychologisches. Es geht um „Identität" und die wechselseitige Integrierung von gegensätzlichen Aspekten. Die beiden Amerikaner aus dem lichten „Geist-Team" können die Verständigung ermöglichen, sie können auch die andere Sprache; das heißt, vom „lichten" Bewußtsein her kann die Integrierung der Schattenaspekte geschehen, des Unbewußten, das die Partisanen hier vertreten. Letztere aber sind mächtiger, sie diktieren sozusagen die Bedingungen. Sie verhindern nicht nur die „technologische" Lösung, sondern stellen auch den Opfermut des Teams in Frage. Das Verantwortungsgefühl des Bewußtseins reicht allein nicht aus. Nicht nur der modernen Technik, sondern sogar dem Ethos, mit dem wir uns dazu verhalten wollen, fehlt etwas, was im Traum durch die braunen Kapuzenmänner ausgedrückt ist.

Der heroische Prometheus, der Licht ins Dunkle des Unbewußten bringen will, reicht nicht. Ein anderer, dunkler Aspekt gehört dazu. Mir war bis zu diesem Traum völlig entgangen, daß noch die Griechen diesen anderen Aspekt des Prometheus gekannt haben als einen mit Scheu und Ehrfurcht behandelten Rest uralter, vorgriechischer Religion. Es gab nämlich Prometheus-Heiligtümer, geheimnisvolle unterirdische Kultstätten, in denen Prometheus als „Kabire" verehrt wurde, das heißt als Zwerg, als „braunes Kapuzenmännchen" wie die Partisanen meines Traumes! Da tat sich denn eine für mich ganz neue, tiefe Schicht des Prometheus-Mythos auf, die in den Bereich alter Mutter-Religionen zurückführt und mir gutgetan hat.

Spuren matriarchaler Prometheus-Mythologie[26]

Die Zwerge und das Feuer der Erde

Wenig wissen wir über den „nächtlichen" Prometheus, der als Zwerg in den Kabirenheiligtümern von Athen oder Theben verehrt wurde. Es waren geheime und verschwiegene Mysterien, zu denen nur Eingeweihte Zutritt hatten. Sicher geht der Kult bis in älteste Zeiten zurück. Verwandt mit den Kabiren sind die Daktylen („Däumlinge"), die wir aus unseren Märchen ebenso kennen wie die Zwerge. In alten Zeiten waren sie sehr mächtig, „große Götter", die phallischen Begleiter und Gehilfen der Großen Muttergöttin. Demeter selbst lehrte sie die „Mysterien", weihte sie ein in das Wissen um die Wiedergeburt aus der Großen Mutter. Die Eingeweihten, ebenso wie die Kabiren selber, trugen die spitze oder beutlige Mütze (die „phrygische Mütze" der Jakobiner), wie heute noch unsere Heinzelmännchen und Gartenzwerge, und einen eisernen Ring am Finger.

Sie waren weise, standen für Fruchtbarkeit – in meinem Traum vergossen sie Wasser in den trockenen Sand! – und die Kunst, mit Feuer umzugehen und zu schmieden. Der Schmiedegott Hephaistos galt im Kabirion zu Athen als Sohn des Prometheus, und Prometheus war der König der Kabiren. Sie hüteten das Feuer der Erde als deren größten Schatz. Bei den Griechen waren sie, in dieser Funktion, noch geachtet, allerdings schon unter „ferner liefen" neben den neuen, hellen, patriarchalen Göttern des Olymp. Es ist, um noch einmal auf den Traum zurückzukommen, ganz klar, daß sie ein

Wörtchen mitzureden haben, wenn ein Atomreaktor durchzubrennen droht. Bei uns sind die Zwerge, als alte heidnische Götter, deklassiert, ins Unbewußte gerutscht und treiben da ihren Schabernack. Ihre Rache allerdings, wenn man sie ärgert, ist nach der Überlieferung gefährlich, vor allem wenn man sie stört und ihren Schätzen nachstellt. Die unterirdischen Höhlen aber, in denen sie seit alters wohnen, werden heutzutage als Mülldeponien benutzt.

Wenn wir uns das vor Augen halten, sieht der „Feuerraub" des Prometheus auf einmal ganz anders aus! Dem Kabiren Prometheus *gehörte* das Feuer, im Auftrag der Muttergöttin, lange bevor Zeus an die Macht kam. Wer beraubte da wen? Wenn wir den „ursprünglichen" Mythos rekonstruieren, können wir die „neue" Fassung des Hesiod als Verfälschung erkennen. Lesen wir den Mythos gegen den Strich, dann ist nicht mehr Prometheus der, der „das Feuer geraubt hat" und bestraft werden muß, sondern es ist Zeus, der sich gewaltsam an die Macht gebracht hat und nach dem Motto „Haltet den Dieb!" Prometheus das in die Schuhe schiebt, was er selber getan hat und von dem er lieber nichts mehr wissen möchte.

Die „Wunde" des Mondes

Ein nächster Hinweis in diese Richtung ergibt sich aus der Wunde des Prometheus: Tags kommt der Adler, nachts wächst die Leber wieder nach. Es gibt ein Phänomen am Himmel, das ganz ähnlich abläuft: Der Mond wird morgens vom Tag ausgelöscht, von der Sonne „gefressen", und nachts wächst er wieder nach. Außerdem hat er den 29-Tage-Rhythmus wie die Frau. Vielleicht steht hinter dem Bild der immer wiederkehrenden und verheilenden Wunde ursprünglich nichts anderes als das uralte Symbol des ab- und zunehmenden Mondes. Kerényi spricht von der „lunaren" (mondhaften) Existenz des Prometheus; sein Bereich ist das Dunkle, die Nacht, und durch Zeus sei er ans Licht gezerrt und müsse am Felsen unter der sengenden Sonne leiden. Die Sonne ist dann mit dem Adler, dem „Hund des Zeus", gemeint.

Die Verehrung des Mondes ist viel älter als die der Sonne. Der Mond ist immer dem weiblichen Geschlecht zugeordnet. Wie E. Neumann zeigt, galt in der Religionsgeschichte der alten Kulturen zuerst die Nacht. Am nächtlichen Himmel offenbarten sich die göttlichen Geheimnisse der großen Zyklen und Umläufe des Lebens. Mit dem Mond, der Königin der Gestirne, war der Zauber von Fruchtbarkeit, weiblicher Kraft, Wachsen und Vergehen verbunden. Genau das, was Zeus so fürchtet! Der weibliche Zyklus entspricht genau dem des Mondes, das heißt, das Geschehen hier unten, im eigenen Leben und im eigenen Körper, entspricht genau der zyklischen Ordnung am Himmel. Das war das Weltbild der alten matriarchalen Religionen. Bei einigen „primitiven" Völkern ohne elektrisches Licht und modernen Streß und natürlich ohne Anti-Baby-Pillen haben heute noch alle Frauen ihre Tage bei Neumond. Bei wachsendem Mond wächst wieder ihre Empfängnisbereitschaft. Bei Vollmond liegt, medizinisch gesehen, dann der Eisprung, also können jetzt Kinder entstehen. Nach genau zehn Mondzyklen liegt bei Vollmond der Termin der Entbindung. Nach dem

Mond kann die Schwangerschaft gemessen und berechnet werden. Mond und Fruchtbarkeit waren daher für die Frauen der alten Kulturen einfach dasselbe.

Dieser Zusammenhang muß für die Menschen der Frühzeit sehr eindrucksvoll gewesen sein, sobald sie darauf kamen: ein göttlicher Funke von Verstehen. Eindrucksvoll ist er noch heute und dem Männlichen sehr suspekt. Dieses weibliche Wissen ist uralt; bereits in der Altsteinzeit gab es „ein ganzes System von Symbolen zum Zwecke der Zeitfestlegung, das auf der Beobachtung der Mondphasen beruhte"[27]. Es ist das älteste Kalendersystem der Menschen und das älteste Denksystem: in Analogien und Kreisläufen. Schon 15 000 Jahre vor der Erfindung des Akkerbaus schufen die Frauen einen Fundus an Denkfähigkeit und geheimem Wissen, das sich von dem der Männer (der Jäger und Hirten) unterschied und ihm hoch überlegen war – besonders dann, als mit dem Ackerbau die Beachtung der natürlichen Zyklen immer wichtiger wurde. Da bekamen die Männer einen Minderwertigkeitskomplex[28]. So stelle ich mir das vor.

Der Mond, als Inbegriff des matriarchalen Wissens, mußte dem patriarchalen Zeus äußerst suspekt sein und ihn gleichzeitig mit Neid erfüllen, war er doch Bild einer älteren Weisheit und Macht, die er fürchten mußte. Die weibliche Fruchtbarkeit der Göttin Thetis hätte ihn vom Thron gestürzt, hätte er sie geliebt. Es wäre ihm ergangen wie den alten Jahreszeiten- oder Jahresgöttern, die im „Goldenen Zeitalter" ihre Macht, ihr „Ich" immer wieder an die Muttergöttin zurückgeben mußten. Prometheus, der Titan oder Kabire, hat dieses geheime

Wissen von seiner Mutter ererbt und soll es dem Zeus verraten. Denken wir daran, wie er, in besseren Zeiten, den Geburtshelfer des Zeus spielte, mit dem Doppelbeil in der Hand, als Athene aus dem Kopf des Zeus heraus wollte. Das Doppelbeil, ein rituelles Instrument matriarchaler Kulturen (zum Beispiel Kretas), stellt den zu- und abnehmenden Mond dar, das matriarchale Wissen, das Zeus fürchtet, ohne das er aber nicht auskommen kann. Prometheus hat es, und er verrät es ihm.

Im Bild dieses Mythos ist so der Übergang von der matriarchalen zur patriarchalen Ordnung ausgedrückt, wie er sich in Griechenland in den Jahrhunderten vor Hesiod ereignete. Oder er spiegelt das Trauma, das es für die einwandernden Griechen bedeuten mußte, als sie auf matriarchale Religionen und Kulturen stießen. Hesiod hat den Mythos aus der Sicht der neuen Religion heraus geformt. Da wird dann das uralte Bild des ab- und zunehmenden Mondes zur „Strafe" umgedeutet, die der neue Herr veranlaßt hat. Es ist ein Trick, die Urheberschaft für Vorgänge, die einen selber bedrohen, sich selbst zuzuschreiben. Dann sieht es so aus und man kann es sich und anderen weismachen, daß man dieses Geschehen genausogut auch wieder abstellen und beenden könne. Und indem Zeus die zyklische „Strafe" des Prometheus beendet, beendet er seine eigene Gefährdung, indem er auf Thetis verzichtet. Die nicht-zyklische, ewige patriarchale Zeus-Ordnung ist errichtet. Ein Trugschluß.

Im Wort „Mond" steckt übrigens noch die alte Sanskrit-Wurzel *mâ*, das heißt „messen", eine sprachliche Erinnerung an den Anfang all des Wissens, Denkenkönnens, Bewußtwerdens aus dem Er-

leben des weiblichen Zyklus von Werden und Vergehen. Die Silbe *mâ* ist enthalten im *manth* des *pramantha*, dem Feuerquirl und Rad des Lebens, und
in *mensis* (lat. Monat), in *mens* (lat. Sinn), in
Mensch und nicht zuletzt in *mater*, der Mutter.

Die benagte Leber

Ein letztes Motiv, nach den Kabiren und dem
Mond, das in den matriarchalen Bereich zurückführt, ist das der Leber. Daß Zeus ausgerechnet hier
den Prometheus quält, hat etwas zu bedeuten. Solche Strafen sind im Mythos ja nicht beliebig –
denken wir an Sisyphos! Die Leber muß etwas re-
präsentieren, gegen das sich der besondere Ärger
des Zeus richtet.
Wir Heutigen können mit dem Bild der Leber
wohl kaum mehr etwas anfangen; um so etwas küm-
mern sich der Arzt und sein Labor. Aus alten Zeiten
eines ungebrocheneren Verhältnisses zum Körper
und seinen Organen benutzen wir allerdings spre-
chende Wendungen wie „frisch von der Leber weg"
oder „dem ist eine Laus über die Leber gelaufen".
Im deutschen Volksglauben war die Leber nicht nur
Sitz der Gefühle (von der Wollust bis zum Zorn),
sondern auch der Willenskraft und der Lebensenergie schlechthin. „Leber" und „Leben" sind sprach-
lich verwandt. In den Grimmschen Märchen wie
den „Zwei Brüdern", dem „Bruder Lustig" oder dem
„Schwaben, der das Leberlein gefressen" geht von
dem begehrten Organ ganz besondere Kraft aus. Die
böse Stiefmutter Schneewittchens, das sich bei den
sieben Zwergen (!) verstecken wird, will vom Jäger

die Leber des getöteten Kindes, um sie zu braten und aufzuessen; damit will sie sich die Lebenskraft des Mädchens selber einverleiben. In späteren Fassungen solcher Märchen tritt oft das Herz als Sitz des Lebens neben die Leber. Das Motiv ist uralt; schon in der Ilias des Homer will die trojanische Königsmutter Hekuba die Leber des verhaßten Achill aufessen. Die magischen Kräfte der Leber wirken immer noch fort bis hin zum Lebertran, den man schwächlichen Kindern einflößt. Vom Wolf sagt man, daß ihm jedes Jahr eine neue Leber wächst; damit ist seine besondere Vitalität und Lebensgier erklärt. Bei den antiken Orakeln, der „Eingeweideschau" von Opfertieren, spielte die Leber die entscheidende Rolle; an ihr konnte man den Willen der Götter ablesen – nicht ohne Grund sieht sie dem Mond so ähnlich. Dieses Orakel der Leberschau hatte, wie nicht anders zu erwarten, Prometheus den Menschen beigebracht. Es war weit verbreitet. Berühmt war der Ausspruch des Hannibal gegenüber seinem König, der ihm den Beginn einer Schlacht nicht erlauben wollte, weil die Leber des Opfertieres „ungünstig" war: „Schenkst du einem Stück Kalbfleisch mehr Glauben als einem alten General?"

Wie kam die Leber zu ihrem Ruf? Eine einfache Erklärung ist ihre Schmackhaftigkeit, die sie zur bevorzugten Opferspeise machte. Sie ist allerdings auch ein wirklich auffallendes Organ im geöffneten Körper, zentral gelegen, von klarer Form, dem Mond ähnlich, von dunkler Farbe, mit einer spiegelnd glatten Oberfläche. Den Menschen der Antike wird auch nicht entgangen sein, daß die Nabelschnur im Neugeborenen, bei Tier und Mensch, zur Leber führt und daß später immer noch ein Bindegewebe-strang vom Nabel zur Leber geht. So ist dies zentrale Organ sichtbar der Ort, an dem die mütterliche Lebenskraft auf das Junge übergeht, und später ist sie sozusagen die Plazenta, der Mutterkuchen des Erwachsenen.

Vitalität, Lebenskraft, Willen, das mütterliche Or-gan: An ihm – wo sonst? – spielt sich die Rache des Zeus ab. Mit all dem, was die Leber symbolisieren könnte, hat er sein spezielles Problem. Und neidisch will er es sich selber einverleiben, um sich selber wandeln zu können! Daher vielleicht auch die Wun-de der Hera, der „Königin-Mutter" des Olymp, die Herakles ihr beibrachte – ein Bild des weiblichen, mütterlichen und matriarchalen Zyklus wie die „Wunde" des Mondes oder des Prometheus.

Eine andere Leberwunde möchte ich hier noch erwähnen: die Seitenwunde des gekreuzigten Chri-stus (ebenfalls rechts am Rippenbogen). Sie scheint aus der gleichen uralten Lebersymbolik herzustam-men. Zugefügt wurde sie dem Christus am Kreuz von einem römischen Hauptmann namens Longi-nus, und sie wurde so gedeutet, daß an ihr Christus gestorben sei. In der Antike war der sogenannte Leberstich eine Hinrichtungsform für Sklaven. Die Seitenwunde Christi, das Zeichen für den ungläubi-gen Thomas, hat eine weitgehende kosmologische Bedeutung: Nach christlicher Auffassung fließt aus ihr das „Wasser des Lebens"[29].

In der mittelalterlichen Theologie wurde die Sei-tenwunde Christi, des „Kosmischen Menschen", in Zusammenhang gebracht mit einer anderen ominö-sen Seitenwunde: nämlich der des Adam, aus dessen Rippe als Abschluß der Schöpfung die Eva geschaffen wurde. Die dem zugrundeliegenden Vorstellungen sind vermutlich uralt und gehen bis in sumerische Zeit zurück (3. Jahrtausend vor Christus). Weil aus dem seitlich geöffneten Leib des schlafenden und träumenden Adam die erste Frau kam, wurde dessen Seitenwunde mit der „Differenzierung in männlich und weiblich", mit Bewußtwerdung (Sündenfall!) und „Entscheidung" verknüpft. Die Wunde Christi, an derselben Stelle, hat den Widerspruch versöhnt. Es ist die Versöhnung des Männlichen mit dem Weiblichen. Ob der ungläubige Thomas das verstanden hat[30]?

Pandora – die verstoßene Seele

Mit diesen mythologischen Ausführungen möchte ich die weibliche Dimension in den Prometheus-Mythos zurückholen. Ich möchte andeuten, daß hinter der Vater-Sohn-Geschichte noch etwas anderes, Älteres steht: die Mutter. In unserem Mythos geht es um die patriarchale Revolution, und vielleicht ist das Leiden des Prometheus auch eine patriarchale Krankheit. Heute aber stehen wir vor einem so zynischen, ausbeuterischen, destruktiven und illusionären Verhältnis zur Umwelt, zum Leben, zum Kreislauf der Natur, daß es dringend notwendig erscheint, die alte Entscheidung einmal zu überdenken. Es war die Entscheidung für Zeus und gegen Pandora. Pandora, „die alles schenkt", war ein Name der Muttergöttin gewesen, bevor im Zeus-Mythos das unglückbringende erste Weib daraus wurde. Die biblische Eva-Geschichte, wie wir sie meist kennen, hat denselben Zungenschlag.

Was die Zeus-Revolution und der Feuerraub des Prometheus (die zusammengehören) gebracht hat, ist die Geburt beziehungsweise der Raub des „Ich", des Ich-Bewußtseins. Sie war der Aufbruch, die Emanzipation aus dem Kreislauf. Doch jede Differenzierung ist mit der Entstehung eines Gegensatzpaares verbunden: Mit dem „Bewußtsein" entsteht auf der anderen Seite das „Unbewußte", und mit dem „Ich" entsteht der Schatten, das „Nicht-Ich", was das Ich eben nicht wahrhaben will. Es entsteht zugleich die Notwendigkeit, daß dieses Ich sich seines Schattens bewußt wird. Wir werden ihn nie los, den dunklen Bruder, in dem der Tod steckt, der unser „Ich" irgendwann in den großen Kochtopf heimholen wird. Diesen Schatten anzunehmen, zu integrieren gehört wahrscheinlich zu den schwersten Dingen. Das geht nämlich nicht nur durch den „Willen", sondern durch das Nicht-Wollen, die Anerkennung der Schwäche durch Scham, Hingabe und Vertrauen. In unserer Gesellschaft, in der das „Ich" (auch das der Frauen) überwiegend männlich orientiert ist, werden diese weicheren Eigenschaften als weiblich verstanden. Sie sind es, die unterdrückt, abgespalten, verworfen sind. Sie sind der gefesselte Prometheus.

Wie ist es zu dieser Abspaltung und Verwerfung gekommen? Die patriarchale Ordnung, die „Herrschaft der Väter", wie sie seit den alten Griechen bis in unsere Tage (mehr oder weniger) fortdauert, ist durch Rigidität und Komplexe gegenüber dem Weiblichen ausgezeichnet. Wenn wir den alten Mythen folgen, so spielt am Anfang die Angst vor der Fruchtbarkeit der Frau eine große Rolle. Schon Zeus' Vater und Großvater fürchteten die weibliche Fruchtbarkeit, deren Früchte sie selber verdrängen würden. Beide Male hat die Frau (Großmutter Gäa und Mutter Rhea) einen Aufstand angezettelt und ihren jeweiligen Mann unsanft hinwegbefördert, damit die nächste Generation leben konnte. Großvater Uranos wurde kastriert, Vater Kronos immerhin in den Tartaros geschickt – durch Zeus, aber im Auftrag seiner Mutter. Daß Zeus dann selber daraus lernte und übervorsichtig wurde, was weibliche Fruchtbarkeit angeht, finde ich verständlich. Meist wird in diesem Zusammenhang nur von den bösen Vätern gesprochen, doch das ist nur die eine Seite der Wahrheit.

Niemand anders als Zeus' Mutter Rhea hatte ihm die Hilfe des Prometheus und damit der Kyklopen verschafft. Mutter Rhea war stolz auf ihn, auch noch, als er die patriarchale Ordnung durchsetzte, alle weiblichen Gottheiten demütigte und Prometheus marterte. Mutterliebe ist blind – glücklicherweise.

Denn irgendein Kern, irgendein Gutes muß auch in Zeus wirksam gewesen sein, vielleicht ohne daß er sich dessen bewußt war. Ich denke da an Pandora. Vielleicht ist es eine gute Idee, auch da umzudenken und in der Pandora einmal eine gute, positive Gestalt zu sehen, wenigstens eine mit positiven Möglichkeiten. In ihrem Topf ist ja, wie uns aufgefallen war, auch etwas Gutes: die Hoffnung, nicht nur die Krankheiten als Strafe der Schuld. Ich finde, Pandora ist nichts anderes als die Anima, die Beziehungsfunktion, die „Herrin Seele", die Beziehungen zum Schatten ermöglicht, zu anderen Menschen, zum anderen Geschlecht, zur Ganzheit und zu unserer Erde.

Zeus war sich, durch die Hilfe des Prometheus, darüber klargeworden, daß er zur gefürchteten weiblichen Fruchtbarkeit durchaus einen eigenen Anteil beisteuerte: Er entdeckte seine eigene Zeugungskraft und die Verantwortung, die damit auf ihm selber lag. Er schlief also nicht mit Thetis und leistete Triebverzicht. Genau dazu paßt das Bild, daß er der schönen Pandora das gefährliche Gefäß mitgibt: Im schönen, verführerischen Körper war und ist für ihn selber die Gefahr verborgen. In der alten matriarchalen Mythologie ist Fruchtbarkeit das Privileg der Frauen, der Großen Mutter. Gezeugt werden die Kinder vom Wind, und das Männliche bleibt bedeutungslos und unbewußt. Die Entdekkung der männlichen Zeugungskraft kommt da einem Raub des weiblichen Feuers gleich, und sie ist mit einem Macht- und Ohnmachtkomplex verbunden. Im Patriarchat wird das Männliche seinen Machtanspruch damit bezahlen, daß es sich nicht mehr unbesonnen ins Weibliche fallen lassen kann. Die Sehnsucht nach innerer Ganzheit und Verbindung von männlich und weiblich bleibt aber und nimmt in der männlichen Psyche Gestalt an im Bild der Anima, die eine innere „Beziehungsaufnahme" doch ermöglicht. Sie ist gewissermaßen ein Geschenk des Selbst, des Ganzheitsaspekts, an das Ich. Sie ist die, durch deren Vermittlung der Mensch, genauer: das zum Zwecke der Differenzierung isolierte Männliche im Menschen Anschluß und Verbindung, Rückbindung an das Weibliche und an alles andere findet. Sie ist die Instanz, die ihm „alles gibt". Pandora, die alles schenkt, ist ein wunderbarer Name für die Anima.

Das männliche Herausgehen aus dem mütterlichen Kreislauf hat so aber noch eine andere Folge: Eine tiefere Art von Beziehung wird möglich, individuelle Beziehung von Mensch zu Mensch, von Geschlecht zu Geschlecht. Es geht dann nicht mehr nur um die überpersönliche, transpersonale Faszination durch das andere Geschlecht, es ist auch nicht mehr die Übermacht des Mütterlichen. Es geht dann um wirkliche Beziehung, ein Sich-Einlassen, Sich-Öffnen, Teilnehmen und Teilgeben. Es ist das „Jasagen" des Buddha. Wissen, was man tut, aber handeln „mit Herz".

Zeus hatte es nicht gerade gut gemeint, als er die Pandora losschickte zu uns:

Da geb ich ein Übel, dessen sich alle
sollen erfreuen
Und liebend umarmen ihr eignes Verderben!
Also sprach und auflachte der Vater
der Menschen und Götter.

Man möchte fast sagen: Dieser Gott weiß gar nicht, was er da tut, welche Wohltat er den Menschen erweist. Sein Bewußtsein reicht an den wahren Wert seines Geschenkes gar nicht heran. Er realisiert nicht, daß er den Menschen mit Pandora die Seele schenkt. Die Seele, das Göttliche im Menschen. Zeus lehnt sie ahnungslos genauso ab, wie Prometheus sie verstößt. „Zeus" ist natürlich nur ein „Bild von Gott", nämlich die Vorstellung, die sich die alten patriarchalen Griechen von ihm machten. Da kann man sehen, wie zeitbedingt solche Vorstellungen sind. Etwas Richtiges ist allerdings dabei: Es ist eine psychologische Tatsache,

daß abgewehrte und abgespaltene psychische Anteile erst einmal in negativer, gefährlicher Gestalt auftreten oder wiederkommen. Die Pandora des Hesiod
ist eine solche negative Anima, die Verderben
bringt, weil sie verstoßen wird!

Nur Epimetheus, ausgerechnet der dumme kleine
Bruder des Prometheus, der „Zu-spät-Denker",
nimmt sie auf. Ihre beziehungsstiftende Funktion
geht so dem Prometheus, dem angeblichen „Vor-
Denker", verloren. Wir können daran sehen, wie
sehr Prometheus da noch in der Sicht des Zeus
gefangen ist, wie sehr die beiden noch zusammengehören und sich gegenseitig spiegeln in ihrem Clinch.
Aber die Lösung ist schon da, allerdings unerkannt,
verstoßen, verleumdet und daher auch wirklich Unglück bringend, Krankheit, Elend und Tod.

Denken wir an Prometheus selber: Noch ist seine
Anima, seine Beziehungsfunktion, negativ geprägt,
und er wird in die Depression versinken. Doch die
Anima wirkt auch in ihrer negativen Gestalt. Die
Krankheit erzwingt die Beziehung zum Schatten,
die Beziehung zum Selbst. Das Gefäß der Pandora ist
daher ein Wandlungsgefäß, eine Retorte, der Koch-
topf der Großen Mutter; in ihm stecken Leid und
Tod, aber auch die Hoffnung auf die Wiedergeburt.
Wer nicht endgültig sterben will, muß da hinein.
Vielleicht war es das, was schon Goethe in seiner
„Pandora" sagen wollte. Und vielleicht steckt so im
Gefäß der Pandora auch ein wenig Hoffnung für
unsere geschundene Erde.

Reifung des Männlichen

Ein Vater mehrerer Söhne erzählte mir, erst jetzt, bei den jüngsten Söhnen, könne er sein Vater-Sein genießen und habe ein gutes Gefühl von sich selber. Früher, vor allem beim ersten Sohn, sei er oft verspannt gewesen, ohne richtige Offenheit gegenüber dem Sohn und seiner Eigenart. Es war wohl die Angst in der neuen Rolle als Vater vor der Verantwortung, die Angst um die Autorität und im Grunde die Unsicherheit, was ein „Vater" eigentlich sei. Die Jahre mit den großen Kindern seien so vergangen, und er selber habe „nichts davon gehabt". So etwas hört man öfter. Ältere Väter sind oft entspannter, weicher, liebevoller als junge, die erst lernen müssen, mit der neuen Verantwortung zurechtzukommen. Und der archetypische Kampf zwischen Vater und Sohn wird oft mit den ältesten Söhnen ausgetragen. Sie haben es oft am schwersten und müssen all die Wünsche, geheimen Erwartungen, aber auch geheimen Befürchtungen erfüllen, die sich später auf mehrere Kinder verteilen. „Gut, daß ich Geschwister habe – sonst müßte ich die Erziehung allein aushalten", habe ich einmal in einem Kinderzimmer gelesen. Auf den Erstgeborenen lasten oft die ganzen Beziehungsprobleme der Eltern, die sich in ihrer neuen Identität als „Vater" und „Mutter" erst einmal finden und zusammenraufen müssen.

Erstgeborene haben öfter eine komplizierte Persönlichkeit, sind selten so glücklich und frei wie die jüngeren Geschwister. Der große Sohn arbeitet sich am Vater dann genauso heftig ab wie der Vater am Sohn. Es ist ein Kampf um Wandlung und Reifung ganz wie beim griechischen Prometheus.

So werden die Erstgeborenen leicht zu den „Opfern", die für die Entwicklung, Reifung und Bewußtwerdung ihrer Eltern gebracht werden. Es ist noch fast so wie in Urzeiten bei unseren Vorfahren, die den Göttern des Wachstums und der Reifung das Erstlingsopfer darbrachten. Nur findet das heute auf der psychischen Ebene statt und ist gänzlich unbewußt.

Ältere Väter sind da entspannter, weicher, weniger leistungsbetont und lassen den Söhnen mehr Raum für die Entwicklung ihrer eigenen Persönlichkeit. Die späteren Söhne sind daher oft weicher, unkomplizierter und glücklicher. In manchem spiegeln diese den Epimetheus, den „Dummling" unserer Märchen, der zwar im Schatten des Prometheus steht, aber mehr Glück hat und beziehungsfähiger ist. Der Dummling ist immer der jüngste Sohn, er taugt nichts, ist naiv und gutgläubig, ohne Arg und läßt sich auf allerhand ein, wovor die vernünftigen großen Brüder nur warnen können.

Auf solche Art kommt auch Epimetheus zu seiner Pandora, und wir möchten sagen, daß er damit das große Los gezogen hat. Er ist zu einer Beziehung zum Weiblichen eher fähig, während sein großer Bruder Prometheus noch im starren Clinch mit dem Vater liegt. Allerdings: Prometheus hatte ihm den Freiraum erkämpft, in dem er halbwegs ungestört aufwachsen konnte, und ohne dessen Feuerraub wäre Pandora auch nicht entstanden. Und Epimetheus, der „Softie", muß sehen, daß ihm Pandora nicht alsbald wieder davonläuft. Die Brüder sind im „Familiensystem" aufeinander bezogen: Was der eine zuviel, hat der andere zuwenig, und wo der eine kämpft, fallen dem anderen Früchte in den Schoß, die allerdings nicht lange halten.

Es ist eine Frage der Reifung des Männlichen, ob wirkliche, zweiseitige Beziehungen möglich werden. Beziehungen vom Vater zum Sohn, vom Vater zu seiner Frau, vom Vater zur Schwiegertochter, vom Vater zu sich selber, und umgekehrt vom Sohn zu Vater und Mutter. Solche Beziehungen können nicht auf Angst, Vorwürfen, Starrheit gebaut sein, sondern nur auf Vertrauen zu den anderen und zu sich selber. Man wird verletzbar, wenn man sich einläßt, und ich kenne kaum richtige Beziehungen, die nicht mit vielen Tränen erkauft sind, und zwar auf beiden Seiten. Denken wir an das Gefäß der Pandora. Paradoxerweise setzt aber Beziehungsfähigkeit eine starke Persönlichkeit voraus, die durchaus eigenes „Ich" und Persönlichkeitsgrenzen hat (Konfliktfähigkeit). Ohne Prometheus, ohne den Kampf von Vater und Sohn geht es nicht. Andererseits wieder gehört zu einer Beziehung die Fähigkeit, sich auszuliefern. Das fällt, seit dem Aufstand des Zeus und seinem Machtkomplex, dem Männlichen sehr schwer.

Das bezieht sich auch auf das Männliche in der Frau. Heute übernehmen Frauen vom Männlichen oft nur einen harten Aspekt. Wir haben gesehen, wie wichtig er ist. Das Männliche aber darauf zu reduzieren ist genauso verkürzt wie „weiblich" und „mütterlich" gleichzusetzen. Es ist nur ein eingeschränktes, beziehungsunfähiges Männliches. Vielleicht kommt es von dieser Reduzierung her, daß das Männliche im Unbewußten der Frau, der „Animus", oft negativ besetzt ist und den Frauen als innerer Mann nicht genügt. Es fehlt diesem Animus, der „Beziehungsfunktion" der Frau, eben manchmal die

Beziehungsfähigkeit. Das liegt daran, daß im Patriarchat auch diese männlichen Kräfte der Frau gebunden liegen.

Vaterbild – Männerbild – Gottesbild: Der erstgeborene Sohn, der Lichtbringer, der von seinem Vater geopfert wird, findet sich in unserer christlichen Religion auf höchster Stufe wieder. Es muß diesem Vater ungeheuer weh tun, seinen Sohn leiden zu sehen. Ich kann mir vorstellen, daß er glücklich und dankbar wäre, wenn wir ihm helfen könnten, den patriarchalen Zirkel zu überwinden.

Das Feuer bewahren

Beziehung heißt, Feuer nicht nur zu rauben oder zu entfachen, sondern auch zu bewahren und zu erhalten. Das müssen wir lernen, wenn wir (wie Jung es verstand) Gott helfen wollen, sein Feuer zu tragen.

Der Feuerraub wird zum Wiederholungszwang, wenn das Feuer dauernd ausgeht. Dann haben wir einen neurotischen Prometheus vor uns, der immer neue sogenannte „Beziehungen" eingeht, die gleich wieder erkalten, oder der immer neue schillernde Projekte macht, die ihn aber nicht wärmen, weil kein inneres Feuer drin ist. Oder einen, der als Ingenieur, um elektrischen Strom zu erzeugen, die ganze Natur und die Gesundheit und Zukunft seiner Kinder und Enkel ruiniert.

Das Feuer zu bewahren ist immer eine weibliche Tätigkeit und Domäne gewesen. Erinnern wir uns an die australischen Ureinwohner, oder denken wir an die Vestalinnen im alten Rom. Sie hüteten das göttliche Feuer; wäre es einmal ausgegangen, wäre Rom und der ganze Erdkreis verloren gewesen. Wir haben auch überlegt, daß es das Feuer der Großen Mutter war, von dem sich Zeus oder Prometheus etwas raubten und das sie sich zum individuellen Besitz machten. Bei uns ist es die innere, weibliche Seite, die das innere Feuer am Leben erhält.

Die Seele trägt uns nur, wenn wir sie lieben und nicht verstoßen. Für viele heute ist das Leben nicht mehr als „eine Krankheit mit tödlichem Ausgang". Wir sollten aber sehen, wo wir uns selbst in eine solche Trostlosigkeit hineinmanövrieren mit unserer sinn-feindlichen Lebenseinstellung und der Zerstörung auch unserer inneren Natur durch eine immer sterilere und destruktivere Art des Umgangs. Es ist, als müßten wir immer mehr und immer panischer „Feuer rauben": mit künstlichen Energien, destruktiver Technologie, Atomstrom, um durch künstliches Licht die natürliche Dunkelheit zum Verschwinden zu bringen. Das ist ein Trugschluß, ein Teufelskreis: Der kollektive Schatten wird dadurch nur um so größer, nicht kleiner. Und längst sind wir, wie der Zauberlehrling, auf der Flucht nach vorn, getrieben von „Konsequenzen, die hinter uns liegen", wie Kierkegaard sagte.

Es gibt allerdings auch eine andere Dialektik[31]: Je übermächtiger die kollektive Verfinsterung wird, desto wichtiger und not-wendiger wird die individuelle „Erleuchtung". Auch das kollektive Unbewußte ist zäh und will sein Feuer für sich behalten. Vielleicht ist die heutige Vermassung des Menschen in unserer oberflächlichen Arbeits- und Konsumwelt ja so etwas wie ein zähes Aufbegehren des gesellschaftlichen Unbewußten gegen das menschliche Individuum, das heute einen neuen und ungeahnt tiefgreifenden Entwicklungsschritt macht. Um so wichtiger ist der neue Prometheus, der gegen den Strom schwimmt. Die „Neue Ethik", Veranwortung für das eigene Unbewußte zu übernehmen und sozusagen Gott beim Tragen des Feuers zu helfen, gibt dem Individuum einen neuen, nie dagewesenen Wert. Die große Verantwortung des Menschen ist das Gegenstück zu den großen, nur erahnbaren Möglichkeiten, die der neue Äon uns eröffnet. Wenn es gutgeht, wird unsere Erdkugel zur Basis eines Lebens werden, das sich weit hinausstreckt in den Welt-Raum, das ohne sie, die Mutter Erde, ihre Fruchtbarkeit und ihren Kreislauf aber nicht auskommen wird. Buddhistisch gesprochen, müssen wir alle lernen, zu diesem Rad des Gesetzes „ja zu sagen". Es ist eine neue Einstellung nötig, die sich als Frucht des Kreislaufs der Natur begreift – und das müssen wir zuerst und vor allem individuell erlernen. Das lateinische Wort *natura* heißt „die geboren werden wird", es ist ein Wort für unsere Zukunft, individuell und kollektiv. Das wäre der eigentliche Feuerraub, der noch vor uns liegt.

Licht aus dem Dunkel

Diese Gedanken versuchen ein Bild zu umschreiben, wie es der Schweizer Maler Peter Birkhäuser gemalt hat: Die Feuertänzerin. Marie-Louise von Franz schreibt dazu:

Hier hat die Anima den Weg zu ihrer eigentlichen Aufgabe gefunden, als Vermittlerin des göttlichen Feuers, der schöpferischen Macht. Wie die Gralsträgerin oder wie die Vestalin hütet sie es und spielt auch zugleich mit ihm[32].

Hier ist Prometheus sozusagen richtiggestellt, und hier ist auch die Kraft, die dem modernen Prometheus aus der Verzweiflung und Ausgeblasenheit heraushelfen kann. Eine weibliche Kraft, die das Feuer bringt und die es zu erhalten und zu hüten weiß. Sie hilft die Beziehungen durchzustehen. Sie ist Pandora, doch sie hat viele Namen. Und sie ist, natürlich, auch die Göttin der Unterwelt: Hekate phosphora, „die das Licht bringt". Wenn wir unsere Seele nicht verstoßen wie der griechische Prometheus, sondern Pandora annehmen, dann ist das kein Schritt zurück, sondern eine Entscheidung heraus aus der patriarchalen Kulturstufe. Sie ist das „vereinigende Symbol". Der neue Mythos von Prometheus und Pandora ist noch nicht geschrieben, doch wir haben dieses Bild.

Peter Birkhäuser, Die Flammentänzerin
Aus „Licht aus dem Dunkel" Die Malerei von Peter Birkhäuser,
Birkhäuser Verlag, Basel 1980

Nachspiel:
Die große Flut

In einem Buch, in dem so viel vom Feuer die Rede war, darf sein Gegenspieler, das Wasser, nicht fehlen. Es heißt im Mythos, „wenig später" habe Zeus einen „Weltuntergang" veranstaltet, eine Sintflut, um die Menschen doch noch loszuwerden. Nur zwei Menschen überleben die Flut und werden die Stammeltern aller folgenden Generationen: Deukalion und Pyrrha. Deukalion ist der Sohn von Prometheus und seiner Frau Asia, und Pyrrha ist die Tochter von Epimetheus und Pandora. Sie werden gerettet, weil Prometheus seinen Sohn beizeiten gewarnt und ihm ein Schiff gebaut hat. Nachdem die Flut sich verlaufen hat, sind Deukalion und Pyrrha allein und unglücklich. Doch sie erhalten Hilfe durch die Göttin Themis. Sie rät: „Bedeckt eure Häupter und werft die Knochen eurer Mutter hinter euch!" Deukalion und Pyrrha befolgen den Rat, so gut sie können. Sie beugen sich mit verdecktem Antlitz und werfen Steine hinter sich, als Knochen der Mutter Erde. Aus den Steinen, die Deukalion warf, wurden Männer, aus denen der Pyrrha Frauen.

Themis aber ist „die Regel der Natur, die Norm des Zusammenlebens der Geschlechter, ja des Zusammenlebens der Götter und Menschen", zu deutsch: die ökologischen und psychologischen Bedingungen unserer Existenz.

143

Ich weiß nicht, ob es heute um die patriarchalen Knochen des Vaters geht. Wir können die Probleme der Archetypen nicht lösen, so wie ein Sohn auch nicht die Komplexe seines Vaters heilen kann. Wir können aber darauf sehen, wo wir selber in archetypische Situationen gekommen und vielleicht darin festgehalten und gebannt sind. Ein solches Bewußtwerden wirkt dann auf das Unbewußte zurück. Das Erwachen aus der Erstarrung befreit auch die Gegenseite. Unserem Prometheus wünsche ich, daß er jetzt seinen archetypischen Felsen verläßt, herabsteigt und selbst lernt, Vater zu werden. Dann wäre auf der anderen Seite auch der alte Zeus aus der Verantwortung entlassen. Er könnte dann endlich die alte Jacke ausziehen, auf Reisen gehen und seine Pension genießen.

Brücken zum
Menschen –
Bücher vom
Kreuz Verlag

Zauber der Mythen

Eine Buchreihe im Kreuz Verlag

Kreuz
Verlag

Zauber der Mythen

Die Buchreihe »Zauber der Mythen« will mit
der Darstellung einzelner Mythen durch verschiedene Autoren den Zugang zu einem in
jedem Menschen vorhandenen Fundament von
Lebenskraft und Lebensmöglichkeit vermitteln,
ein Wiedererinnern ermöglichen.
Die Geschichten sind faszinierend und ergreifend. Wir begegnen uns selbst in ihnen,
schauen und erleben die Kraft und Weite unserer Seele, ihrer bislang nicht ausgeloteten Möglichkeiten. Wir spüren, was wir uns vorenthalten haben, wenn wir diese ewigen Themen
unserer Existenz vernachlässigen. Ihnen zu begegnen ist dem Erleben vegleichbar, in dem
sich die Bedeutung eiens großen Traumes zum
ersten Mal erschließt. Die Mythen spiegeln
unser Leben und vermitteln die Gewißheit, daß
es sinnvoll gelebt werden kann.

Theodor Seifert

Jeder Band: 120–167 Seiten,
gebunden Fr. 17,50/DM 19,80
Bisher sind erschienen:

Kreuz
Verlag

Anmerkungen

1   zit. nach Bachelard, a.a.O.

2   vgl. dazu Hultberg, a.a.O.

3   z. B. in Symbole der Wandlung, a.a.O., S. 536

4   Kerényi, Prometheus, a.a.O., S. 59

5   Bachelard, a.a.O., S. 44

6   in Dichtung und Wahrheit, 15. Buch

7   Schiller hat die Freiheit des neuen Menschen vielleicht am schönsten besungen. Wenig bekannt ist, daß die berühmte Ode „An die Freude" ursprünglich der Freiheit gewidmet war: „Freiheit, schöner Götterfunken". Wegen der Zensur konnte Schiller nur die zahmere Form veröffentlichen, und sie kennt man aus der 9. Symphonie Beethovens. Man sollte sie auf den ursprünglichen Text singen, dann wäre es mit der falschen Weihe schnell vorbei. Ich verdanke den Hinweis Herrn Prof. Nauber, Freiburg.

8   Bachelard, a.a.O., S. 80

9   ebd., S. 22

10 ebd., S. 19

11 Nietzsche, Die Fröhliche Wissenschaft, § 335

12 Jung, Erinnerungen, a.a.O., S. 360

13 vgl. Klamroth, a.a.O.

14 Der Prometheus des anarchistischen Dichters Shelley (a.a.O.) wird von seinem Leiden am Felsen dadurch erlöst, daß er seinen Fluch gegen Zeus zurücknimmt und auf Rache verzichtet: „Ich will nicht, daß ein lebendes Wesen Schmerz fühlt", und sei es sein Todfeind. Nach dem Verzicht auf das Feindbild fällt der Diktator Zeus von allein, und das neue Zeitalter der Freiheit bricht an.

15 Das Monster, das Frankenstein, der „Moderne Prometheus", fabriziert hat, könnte nur durch die Liebe einer Frau erlöst werden – und damit auch die Menschheit von ihm.

16 Zarathustra!

17 a.a.O., S.306

18 a.a.O., S.71

19 Jung, Antwort auf Hiob, a.a.O., S.420

20 Edinger, Schöpferisches Bewußtsein, a.a.O., S.112f.

21 ebd., S.117f.

22 Blomeyer, a.a.O., S.112

23 E. Neumann, Das Kind, a.a.O., S.81

24 vgl. dazu Gebser, Jung (Bd.5), Kuhn und Zimmer, a.a.O.

25 Jung, Ges. Werke Bd.5, a.a.O., S.215

26 Materialien u.a. aus Kerényi, Prometheus (a.a.O.), Neumann (Psychologie des Weiblichen) (a.a.O.), Eliade (a.a.O.), Wesel (a.a.O.), Gebser (a.a.O.) und Handwörterbuch des Deutschen Aberglaubens (a.a.O.; Stichworte Leber, Longinus, Mond, Zwerge u.a.).

27 Eliade, a.a.O., S.32

28 Der Gleichklang von Mondphasen und weiblichem Hormonzyklus muß sich früh und schon in Vorzeiten eingespielt haben, vielleicht im Zusammenhang mit einem Kult des Mondes in den hellen Nächten. Zusammenhänge zwischen dem Licht der Mondphasen und den Funktionen des Hypothalamus gibt es schon bei Vorprimaten, sogar bei niederen Tieren. Doch hier ist es etwas spezifisch Menschliches, denn es fällt zusammen mit der Entwicklung einer ersten Form von Psyche und Geist. Es ist ein Zusammenhang, in dem sich das Einspielen eines körperlichen Rhythmus und das Entstehen eines geistigen Rhythmus gegenseitig ermöglicht haben. Der Mensch ist auch ein Produkt seiner Religion.

29 Zur Seitenwunde Christi vgl. u.a. Schade, a.a.O.

30 Noch eine mythologische Anmerkung: Chiron, der griechische Schmerzensmann, der freiwillig in den Tartarus (die Hölle) geht, ist Sohn des Ixion, des „X-Wesens". Ixion ist ein „ewiger Büßer" wie Tantalos, Sisyphos, Atlas, Prometheus (lt. Hesiod). Er ist zur Strafe an ein Feuerrad gefesselt (!) und rollt so über den Himmel, eine frühe Form der Kreuzigung. Ranke-Graves (a.a.O., S.186ff.) sieht in ihm einen alten, abgesetzten Sonnengott. Sein spezifisches Vergehen: Er akzeptierte die neue Einrichtung des „Brautpreises" nicht und lockte den Vater der Braut, der zum Kassieren kam, in eine Falle. U. Wesel (a.a.O.) beschreibt die Einführung des Brautpreises (der etwas anderes ist als der Ersatz für verlorene Arbeitskraft für die Familie der Braut, die zum

Mann zieht) als gewissermaßen *den* Sündenfall bei der Einführung des Patriarchats: Die Tochter, die Frau wurde zur Ware. Man
kann sagen: Chiron stammt aus einer „guten Familie", die dem
alten matriarchalen Recht länger treu blieb als andere. – Seine
Mutter soll übrigens eine Wolke gewesen sein (so Hesiod); vermutlich war es Hera, die Muttergöttin, selber.

31 vgl. Neumann, Neue Ethik, a.a.O.
32 Birkhäuser, a.a.O., S. 98

Literaturverzeichnis

Aischylos, Der gefesselte Prometheus, Stuttgart 1965

Asper, Kathrin, Verlassenheit und Selbstentfremdung. Neue Zugänge zum therapeutischen Verständnis, Olten 1987

Bachelard, Gaston, Psychoanalyse des Feuers (1949), München 1985

Balthasar, Hans Urs von, Prometheus. Studien zur Geschichte des Deutschen Idealismus, Heidelberg 1947

Birkhäuser, Peter, Licht aus dem Dunklen, Basel 1980

Bloch, Ernst, Atheismus im Christentum, Frankfurt 1968

Blomeyer, Rudolf, Psychische Krankheit – Sinn und Analyse, in: Analytische Psychologie Vol. 16, Nr. 2, Basel 1985

Boeser, Knut, Der Traum des Prometheus, Berlin o. J.

Camus, Albert, Der Mensch in der Revolte (1951), Hamburg 1969

Dieckmann, Hans, Schwierigkeiten der Sinnfindung in unserer Zeit, in: Analytische Psychologie Vol. 13, Nr. 2, 1982

Edinger, Edward F., Schöpferisches Bewußtwerden. C. G. Jungs Mythos für den modernen Menschen, München 1986

Eliade, Mircea, Geschichte der Religiösen Ideen Bd. I, Freiburg 1978

Frazer, Sir James George, Myths of the origin of fire, London 1930

Gadamer, Hans-Georg, Prometheus und die Tragödie der Kultur, in: Die Wandlung I/7, Heidelberg 1945/46

Gebser, Jean, Ursprung und Gegenwart I. Gesamtausgabe Bd. II, Schaffhausen 1978

Gide, André, Theseus – Prometheus (1900), dtv 1959

Hahn, Georg, Vom Sinn des Todes. Texte aus drei Jahrtausenden, Zürich 1975

Handwörterbuch des Deutschen Aberglaubens, Berlin 1927 ff., Bd. 2, 5, 6, 9

Hesiod, Erga/Theogonie, Zürich 1970

Hesse, Hermann, Kinderseele, in: Gesammelte Dichtungen Bd. III, Frankfurt 1952

Hultberg, Peer, Scham – eine überschattete Emotion, in: Analytische Psychologie Vol. 18, Nr. 2, 1987

Jaffé, Aniela, Der Mythos vom Sinn im Werk von C. G. Jung, Zürich 1983

Jaspers, Karl, Prometheus, in: Der Philosophische Glaube angesichts der Offenbarung (1962), Darmstadt 1984

Klamroth, H.-G., Die Funktion der Klage für die Heilung der Depression, in: Analytische Psychologie Vol. 17, Nr. 4, 1986

Jung, C. G., Ges. Werke Bd. 5 (zur „Wandlung der Libido"), Ges. Werke Bd. 6 (zu Spittelers Prometheus), Ges. Werke Bd. 11 (Antwort auf Hiob), Olten

Jung, C. G., Erinnerungen, Träume, Gedanken, Olten 1971

Kafka, Franz, Prometheus, in: Sämtliche Erzählungen, Frankfurt 1970

Kerényi, Karl, Die Mythologie der Griechen Bd. I, dtv 1966

Kerényi, Karl, Prometheus. Die menschliche Existenz in griechischer Deutung, Hamburg 1959

Kierkegaard, Sören, Die Krankheit zum Tode (1849), dtv 1976

Kuhn, Adalbert, Die Herabkunft des Feuers und des Göttertranks. Ein Beitrag zur vergleichenden Mythologie der Indogermanen, Berlin 1859

Müller, Alfred Dedo, Prometheus oder Christus, Leipzig 1948

Neumann, Erich, Das Bild des Menschen in Krise und Erneuerung, in: Eranos-Jahrbuch 1959, Zürich 1960

Neumann, Erich, Das Kind, Zürich 1963

Neumann, Erich, Tiefenpsychologie und neue Ethik (1948), Frankfurt 1984

Neumann, Erich, Zur Psychologie des Weiblichen (1952), München 1975

Pascal, Blaise, Gedanken, Stuttgart 1956

Radin, Paul (u. Kerényi und Jung), Der göttliche Schelm, Hildesheim 1979

Ranke-Graves, Robert von, Griechische Mythologie, Hamburg 1960

Schade, Herbert SJ, Der „Himmlische Mensch", in: Christus und Maria, Staatliche Museen Preußischer Kulturbesitz, Berlin 1980

Seiterle, Gérard, Die Urform der Phrygischen Mütze, in: Antike Welt 16. Jahrgang 1985, Feldmeilen 1985

Shelley, Mary, Frankenstein oder Der moderne Prometheus (1818), Stuttgart 1986

Shelley, Percy Bysshe, Prometheus Unbound/Der entfesselte Prometheus (1819), Leipzig 1985

Spitteler, Carl, Prometheus-Dichtungen (1876, 1924), Zürich
1945

Vernant, Jean-Pierre, Mythos und Gesellschaft im alten Griechenland, Frankfurt 1987

Wesel, Uwe, Der Mythos vom Matriarchat, Frankfurt 1980

Zimmer, Heinrich, Philosophie und Religion Indiens (1961),
Frankfurt 1973

Urbilder der kristallinen Materie
Zum Foto auf dem Umschlag von Manfred P. Kage

Wissenschaftlich ausgedrückt, handelt es sich bei diesen Bildern um willkürlich gesteuerte Kristallisationen natürlicher und synthetischer Stoffe, die zwischen zwei Glasplatten durch Temperatureinfluß aus der Schmelze rekristallisiert oder durch Verdunstung des Lösungsmittels kristallisiert wurden. Diese Kristallpräparate werden in einem Kameramikroskop mit Hilfe von polarisiertem Licht und einem von Kage entwickelten Spezialkompensator, dem Polychromator, fotografiert.

Der Polychromator ist eine Art optischer Synthesizer oder besser ein „optisches Musikinstrument", mit dem Kaskaden von Klangfarben in einerseits gesetzmäßiger, andererseits beliebiger Folge von Farbklängen gestaltet werden können. So lassen sich beispielsweise von einem Gesteinsdünnschliff, einer hauchdünnen Schicht von kristallisiertem Schwefel oder von Sphäritgefügen des Triphenylmethans eine unerschöpfliche Fülle von permutierenden Farbvariationen erzeugen. Was steckt nun aber dahinter?

Die Aggregatzustände der festen Kristalle, der kristallinen und amorphen Flüssigkeiten sowie der gasförmigen Stoffe entsprechen den Tamas, Rayas und Satvas der indischen Sankhja-Philosophie, welche die statischen Niveaus der Verwandlungen und

Seinszustände bezeichnen. Die europäische Analogie dazu wären Physis, Bios, Psyche und Pneuma, denen auf der materiellen Seite die Zustände fest, kristallin-flüssig (mesomorph), flüssig und gasförmig entsprechen.

Wer sich mit der Entstehung der Planeten beschäftigt, kennt die immense Bedeutung der Kristallisations- und Erstarrungsvorgänge in der Planetenoberfläche, die Gesteins- und Gebirgsschichten hervorbringen. Die Kristallbildung ist das Urmodell der Festkörperanteile aller Lebewesen; Kristallgitter finden sich in der Zellulose und damit im Holz, in den Kieselskeletten der Radolarien und Diatomeen, in den Schalen und Panzern der Korallen, Muscheln und Seeigel sowie in den Kalkgefügen des Knochenbaus der Säugetiere.

Durch chemische oder alchimistische Verwandlungen des Stoffes lassen sich neue Kristallformen erzeugen; künstlerische Empfindung und der unerschöpfliche Formenreichtum der Natur treten miteinander in Kommunikation.

Ein optisches Kaleidoskop mit zwei Präzisionsspiegeln ermöglicht zusätzlich die Symmetrierung der kristallinen Bildwerke zu Mandalas, den Urbildern der Seele. Die suggestive Zentrierung, die das Auge zur Mitte lenkt, eröffnet einen Blick in den imaginären, mythischen Raum, in welchem die Strukturen der Materie und der Psyche nicht voneinander zu unterscheiden sind.

„Die Darstellung und Deutung einzelner Mythen durch verschiedene Autoren ermöglicht den Zugang zu einem in jedem Menschen vorhandenen Fundament der Lebenskraft. Mythen sind faszinierend und ergreifend. Ihnen zu begegnen ist dem Erleben vergleichbar, in dem sich die Bedeutung eines großen Traumes zum ersten Mal erschließt. Mythen spiegeln unser Leben und vermitteln die Gewißheit, daß es sinnvoll gelebt werden kann." Theodor Seifert

Neben dem vorliegenden Band sind erschienen:

Theodor Seifert · Weltentstehung
Die Kraft von tausend Feuern

Angela Waiblinger
Große Mutter und göttliches Kind
Das Wunder in Wiege und Seele

Verena Kast · Sisyphos
Der alte Stein – der neue Weg

Ingrid Riedel · Demeters Suche
Mütter und Töchter

Rosmarie Bog · Die Hexe
Schön wie der Mond – häßlich wie die Nacht

Lutz Müller · Der Held
Jeder ist dazu geboren

Hans Jellouschek
Semele, Zeus und Hera
Die Rolle der Geliebten in der Dreiecksbeziehung

Kreuz Verlag

Peter Schellenbaum
Abschied von der Selbstzerstörung
Befreiung der Lebensenergie
237 Seiten, gebunden

Schellenbaum sieht in der Todesfurcht die Haupt-
ursache für die Destruktivität des einzelnen und der
Gesellschaft. „Es ist die Angst des Individuums vor
seiner Auflösung, die es in selbstzerstörerisches Verhalten treibt, und es ist dieselbe Todesangst, die uns
über andere Mitmenschen Macht ausüben und
Machtstrukturen in der Politik unterstützen läßt."
Stockende Lebensenergie bedeutet Erstarrung, Nar-
zißmus und Tod. Fließende, strömende Energie ist
das Ziel jeder Heilung und Ausdruck von seelischer,
körperlicher und geistiger Lebendigkeit. „Bei der
winzigen Bewegung im energiegeladenen Punkt des
Augenblicks beginnt der Abschied von der Selbstzerstörung auch in der heutigen Gesellschaft." Ein
anderes Wort für strömende Energie ist Liebe. Liebe
als eine aus dem eigenen Inneren quellende Bewegung, die auf andere ansteckend wirkt. Analytische
Klarheit und Engagement machen dieses brillant
geschriebene Buch zu einer Lektüre, die niemand
unberührt aus der Hand legen wird.

Kreuz Verlag